Léon SAHLER

LA FIN D'UN RÉGIME

MONTBÉLIARD, BELFORT ET LA HAUTE-ALSACE

AU DÉBUT DE LA RÉVOLUTION FRANÇAISE

1789-1793

PARIS
LIBRAIRIE H. CHAMPION
5, quai Malaquais
1911

LA FIN D'UN RÉGIME

Léon SAHLER

LA FIN D'UN RÉGIME

MONTBÉLIARD, BELFORT ET LA HAUTE-ALSACE AU DÉBUT DE LA RÉVOLUTION FRANÇAISE

1789-1793

PARIS

LIBRAIRIE H. CHAMPION

5, quai Malaquais.

1911

AVERTISSEMENT

Le titre de cette étude en précise l'objet. Elle a pour cadre, à l'époque indiquée, le pays de Montbéliard, les terres environnantes, Belfort ainsi que la Haute-Alsace. Certaines de nos correspondances nous conduiront même jusqu'à Strasbourg. C'est une suite logique donnée à nos précédents travaux concernant spécialement Montbéliard.

Il semble bien admis aujourd'hui que la Révolution Française, par suite des fautes nombreuses des derniers règnes, était devenue inévitable. Le gouvernement obéré, sans force, incapable de se faire obéir, d'autre part miné par les écrits des philosophes, n'existait plus que de nom. On marchait à une faillite ouverte et déclarée, tant sociale que financière. Coûte que coûte, il fallait arriver à une répartition plus équitable, autant des charges que des avantages naturels à l'homme. C'était un cri général. Mais les violents eurent le dessus ; on alla en peu de temps, beaucoup plus loin qu'on ne se l'était proposé. Les correspondances que nous allons publier apporteront leur contingent d'informations à une étude, qui est loin d'être complète encore, des événements capitaux, intéressants et dramatiques de l'époque en question.

Nous ne nous dissimulons pas que l'étroit terrain provincial sur lequel nous allons évoluer n'est pas vierge de recherches. Pour Montbéliard, il y a une trentaine d'années, M. Roy donnait, dans les Mémoires de la Société d'Emulation de cette ville, sa *Notice historique sur le Pays de Montbéliard à l'époque de la Révolution*. Ce travail est attachant et d'une lecture facile, mais sans se montrer exigeant, on peut faire la remarque que M. Roy qui, comme tous les pasteurs de campagne de son époque, se déplaçait rarement, s'est trouvé par cela même manquer quelque peu d'informations étendues. En écrivant, M. Roy semble s'être documenté uniquement à Montbéliard. Or, tout ce qui peut éclairer le sujet traité est loin d'y être concentré. Cet auteur a mis à profit principalement des notes manuscrites qu'on a bien voulu lui confier; il a consulté quelques auteurs qui n'ont fait que toucher au sujet en passant. Enfin, tout en s'en défendant quelque peu, bien à tort suivant nous, il a largement utilisé la tradition, se faisant l'écho de ce qu'il avait entendu dans sa jeunesse au cercle étroit des familles. Les renseignements qu'il donne nous ont été précieux, surtout pour la mise au point de notre avant dernier chapitre où l'on voit aboutir l'action.

La plupart des sources auxquelles a puisé M. Roy nous font défaut, mais mieux que lui nous avons été à même de nourrir notre récit de documents authentiques qui lui ont échappé. Ils sont nombreux, indiquons où ils se trouvent.

En premier lieu aux Archives Nationales à Paris, où le Fonds Montbéliard tient une place considérable, il y avait à examiner une infinité de documents classés. Parmi eux, il était nécessaire de faire un choix, un travail de copie s'imposait à la suite. Dans ce milieu, M. Tuetey, chef de section de cet important établissement, a été pour nous le guide le plus sûr, ajoutons aussi le plus bienveillant. Contrairement à ce qui est si souvent le cas chez les chercheurs, jaloux de leurs trouvailles, M. Tuetey a apporté la plus grande obligeance à nous signaler nombre de pièces intéressantes.

Une autre bonne fortune s'est également offerte à nous. M. Armand Lods, que nous nous plaisons à remercier ici, connaissant notre projet, nous a passé en copie une partie des papiers du Lau, copie qu'avait faite M. le vicomte de Grouchy chez M. le marquis du Lau d'Allemans, possesseur de ce fonds.

Enfin quelques mois plus tard, le marquis du Lau lui-même, non seulement avec la meilleure grâce a laissé les originaux à notre disposition, mais encore nous a remis, le portrait de son ancêtre, peint en 1764 par Michel Van Loo. Il orne notre travail. Disons que si l'image du prince Frédéric-Eugène, dont il sera surtout question ici, manque à cette place, c'est uniquement parce qu'elle a déjà été placée sous les yeux des lecteurs en tête d'une de nos précédentes publications. *Princes et Princesses en royage*, sorte d'introduction au présent travail.

Dans les documents dont nous parlons en dernier lieu, il

s'agit de la correspondance militaire assez étendue et du *Journal*, allant d'Avril à Septembre 1789, du comte du Lau, colonel des grenadiers de France et maréchal de camp, qui fut à ce moment gouverneur de Belfort. Le nom de Montbéliard y revient à fréquentes reprises.

Jean-Baptiste, comte du Lau, avait eu pour mission d'apaiser et de réprimer les désordres de l'époque, tant au sud de l'Alsace qu'en Franche-Comté.

On lira avec plaisir les correspondances militaires dont se compose sa collection, lettres pleines d'action et qui respirent aussi la franchise, comme une bonne humeur vraiment française. On y trouvera des détails fort intéressants sur la nature et l'intensité des mouvements populaires d'alors, où la haine du seigneur et celle du juif marchent de front. Notre chapitre troisième a trait principalement à ce qui se passait dans le Sundgau, aux environs d'Altkirch.

Enfin, nous ne pouvions nous dispenser de consulter, à Besançon, dans la bibliothèque de la ville, l'importante collection manuscrite Duvernoy, relative à la principauté de Montbéliard, mise déjà à profit par nombre d'écrivains et formée à une époque où ces documents étaient considérés comme moins sacrés qu'ils le sont aujourd'hui.

Tels sont les matériaux que nous avons en surtout à mettre en œuvre.

Comme cela a été fait pour un précédent ouvrage, ce sont souvent, quoiqu'un peu longues, des pièces originales qui seront placées sous les yeux du lecteur.

Primitivement nous voulions nous borner à classer et à présenter nos pièces tout simplement, en éclairant le texte par quelques notes, mais nous n'avons pas tardé à reconnaître qu'en vue d'une lecture facile, un travail de condensation s'imposait. Le lecteur nous approuvera de l'avoir opéré, car de ces lettres, nous croyons avoir laissé en évidence l'essentiel, et montré quand même ici notre prédilection pour le document authentique, celui-ci, généralement sincère et méritant une confiance plus grande que celle qui s'attache aux déductions d'auteurs, que des préoccupations de différentes natures, soit politiques, patriotiques, religieuses, philosophiques, économiques ou sociales, assiègent plus que de raison.

En travaillant, sans nous mettre au service d'aucune cause

ni d'aucun intérêt particulier, nous n'avons eu qu'un but et qu'une manière : chercher toujours la vérité en accueillant et groupant tous les documents sérieux.

Et pour terminer ce préambule, je n'insisterai pas sur ce fait cependant aujourd'hui singulier, que c'est de Strasbourg, alors terre française depuis une centaine d'années, que partira dans ces correspondances plus d'une fois la voix de la France, pour aboutir à Montbéliard, alors Wurtembergeois. Aujourd'hui la nationalité des habitants de ces deux villes est intervertie.

CHAPITRE I

Avant la Tempête

Ce ne sont pas les réclamations, encore moins une révolte de ses sujets, mais, contrairement à une opinion généralement admise, les attaques venant de l'extérieur, qui chassèrent Frédéric-Eugène de sa principauté de Montbéliard, le contraignant à se retirer, d'abord à Bâle, d'où il avait encore un œil ouvert sur le pays, ensuite plus loin, en Allemagne, comme on le verra à la fin de ce récit, jusqu'à l'arrivée de temps meilleurs sur lesquels il comptait.

Dans l'état où se trouvait alors l'Europe, la France n'avait plus qu'à tendre la main pour se saisir de Montbéliard abandonné.

Depuis Louis XIV, malgré les revers qui marquèrent la fin du règne de ce monarque, la puissance des princes de Montbéliard était singulièrement réduite. Pendant vingt ans les armées victorieuses du grand roi avaient, à ce moment, occupé la ville, et ses mandataires gouverné le pays, dont les finances, sous cette double charge, s'étaient épuisées. Puis, si conformément aux stipulations du traité de Ryswick, qui avait remis un peu d'ordre en Europe, les armées royales s'étaient retirées, ce ne fut que partiellement. Abandonnant au prince ce qu'il avait dû lui rendre, le comté proprement dit, le roi conservait les seigneuries qui en dépendaient, savoir : celles d'Héricourt, de Blâmont, de Clémont et du Châtelot. La domination royale était maintenue également sur les terres de Granges, de Clerval et de Passavant. Quant au *domaine utile* situé dans ces pays, nos princes ne purent le récupérer que lorsqu'en 1748, ils reconnurent la souveraineté de la France en acceptant le fait accompli.

Le domaine utile comprenait de très grandes forêts, des labours, des terres, pâturages, des moulins, étangs et usines, telles que la forge de Chagey et la saline de Saulnot, tout comme aussi les recettes provenant de l'exercice régulier des droits seigneuriaux non contestés à cette époque. De là résultait pour nos princes cet état singulier que, *souverains*, mais presque en cage, en l'étroite principauté enclavée qui leur avait été laissée, privés de toute autorité réelle, ils étaient devenus virtuellement *sujets* dans leurs anciennes seigneuries. Cependant les habitants de celles-ci, tracassés et pourchassés par l'administration royale au sujet de leur religion, continuèrent longtemps à considérer le prince comme leur souverain légitime. Ainsi le pasteur de Chagey, Samuel Méquillet, fut appréhendé, conduit et détenu au fort Griffon, à Besançon, pour avoir, dans la préface d'un catéchisme imprimé à Montbéliard, dont il était l'auteur, qualifié le duc Léopold-Eberhard, de *souverain seigneur d'Héricourt*. Cette détention causa au pauvre sire de grands frais, dit-il, dans son journal.

Entre cent faits, au choix, nous ne citerons que celui-là. Il y avait eu pour ces seigneuries une annexion forcée, principe encore admis par les chancelleries des nations qui se disent civilisées, mais qui au fond n'est qu'un reste de barbarie ancestrale, la force primant le droit. La seconde moitié du XIXe siècle en a fourni malheureusement plus d'un exemple, pour ne parler que des temps les plus récents.

En 1769, ayant obtenu, après de brillantes campagnes, son congé de l'armée prussienne, dans laquelle il avait fait toute sa carrière militaire, Frédéric-Eugène, avec l'autorisation de son frère, le duc régnant de Wurtemberg, vint s'établir dans le vieux château de Montbéliard, qui depuis soixante-dix ans avait été presque continuellement désert. La contrée était jolie et offrait plus d'agrément que la Basse-Poméranie, où il avait ses propriétés.

Tout d'abord il mit un peu d'ordre dans cet ancien manoir, puis il ne tarda pas à se faire construire, à une lieue de là, en pleine campagne, dans un site charmant, bien arrosé, le château d'Étupes.

Entouré d'une nombreuse famille qui s'accrut encore à Montbéliard, il vécut chez nous en simple particulier jusqu'en 1786. Puis s'attachant progressivement au pays, comme s'il n'en avait connu d'autre ou comme s'il y avait passé toute son existence, il sollicita de son Sérénissime frère la charge de Stathouder à vie. Cette faveur lui fut accordée, mais sans qu'il en résultât pour sa descendance aucun droit sur le pays. Il commandait les milices et avait l'administration du pays, dont il touchait les revenus.

Dans une note annexée au rescrit qui le nomme stathouder, il est dit :

« Pour obtenir d'être nommé, le prince Frédéric Eugène finança à son frère 150 mille livres, payées en deux termes, le second six mois après le premier (Collection Duvernoy). » Le duc régnant de Wurtemberg, toujours magnifique, était perpétuellement besogneux.

Le 4 Mars, Frédéric-Eugène présida pour la première fois le Conseil de régence, et le 14 du même mois, il assista à l'audience solennelle de justice qui fut tenue sur les Halles, siège de l'administration du Pays. Le Sr Charles-Louis Duvernoy, au nom de l'ordre des avocats, lui adressa alors un fort long discours qui eut plus tard les honneurs de l'impression et dans lequel il lui dit : « Après avoir parcouru avec gloire la brillante carrière des armes, après avoir déployé sous les drapeaux du grand Frédéric cette fermeté, cette prudence, cette activité, cette valeur héroïque qui fut de tous temps l'apanage des princes de la Sme Maison de Wurtemberg ; après avoir montré dans les occasions les plus difficiles les plus grands talents militaires, V. A. S. est venue se reposer ici de ses immortels travaux et savourer à l'ombre de ses lauriers le délicieux plaisir de faire des heureux en exerçant, dans le silence, des vertus moins brillantes mais plus glorieuses.

« Soulager le malheureux, protéger le faible, secourir l'indigent, faire du bien à tous, telles ont été jusqu'ici les nobles occupations de V. A. S. »

On a vu, même de nos jours, des discours où l'hyperbole tient une plus grande place que dans celui-ci.

Voici comment un troisième Duvernoy, — car ils sont nombreux les savants Duvernoy de Montbéliard, — comment M. Cl. Duvernoy dans *Montbéliard au XVIIIme siècle*, caractérise les sujets du prince et dépeint la situation matérielle dans laquelle ils se trouvaient.

« Nos finances, dit-il, n'étaient pas brillantes et leur état de médiocrité répondait à l'aisance plus que modeste de la population. Cependant si on était pauvre, on n'était pas misérable. Sans doute, il y eut pour nos pères des moments pénibles et

même profondément douloureux, mais ils furent généralement
la conséquence des circonstances extérieures et des guerres,
plutôt que des abus d'un pouvoir discrétionnaire et illimité.
Dans nos pays où il n'y avait ni noblesse puissante et riche, ni
clergé opulent, cour fastueuse et prodigue, les impôts destinés,
bien moins à servir le luxe des princes qu'à subvenir aux frais,
d'ailleurs très modiques, des administrations, changeaient peu
ou plutôt pas du tout, car le gouvernement n'ayant pas la
faculté de les augmenter de son chef, eût difficilement trouvé
dans la population le concours nécessaire pour le faire. »

« Que cependant il n'y eût pas de maison à maison quelques
rivalités dans les positions sociales et quelques prétentions à
une sorte de supériorité, née d'une fortune plus considérable
ou d'une situation plus en vue, ce serait évidemment beaucoup
trop dire, on en trouve jusque dans les derniers villages. »

M. Duvernoy dit encore, avec un peu trop de restriction,
nous semble-t-il : « Entre la Cour et la population, il y avait
une distance qu'il ne semblait pas facile de franchir (¹). On y
préférait les étrangers aux gens de la ville. La bourgeoisie,
composée généralement de boutiquiers, d'artisans, de quelques
professeurs de gymnase, fort honorables peut-être, mais aussi
fort peu au courant des usages des cours, n'était représentée
par quelques-uns de ses membres que dans quelques occasions
exceptionnelles aux réceptions du château ». Les étrangers qui y
étaient conviés étaient des savants distingués, des hôtes illustres,
venant momentanément grossir le personnel habituel de la
petite cour. Nous y voyons aussi : le baron et la baronne de Maucler, le baron et la baronne de Borck, chambellan et dame
d'honneur, Mlle de Waldner, Mlle de Schilling, la comtesse de
Wartsleben, Mlle de Domsdorff, le baron de Schwarbser, qui auprès
du prince remplissait les fonctions d'aumônier. Seul de sa famille
à Étupes, il était catholique, ayant même été tonsuré dans sa jeunesse. Puis le docteur Berdot de Montbéliard, un autre méde-

(1) Nous devons croire au contraire que parfois il régnait à la cour une
assez grande bonhomie. Ainsi M. Camille Méquillet, rappelant un de ses souvenirs de jeunesse, nous disait dernièrement que son grand-père paternel,
fonctionnaire du prince à Riquewihr, lui avait parlé d'un bal à Montbéliard
où tout jeune homme, son père l'avait conduit, et de sa grande confusion à
ce moment, lorsqu'une des jeunes princesses était venue le prendre par la
main pour le faire danser.

cin, celui du corps, que la princesse estimait beaucoup. A son sujet, à propos du voyage à Berlin, lorsqu'il trouvait *incendiaire* la cuisine de Frédéric II, Mme d'Oberkirch nous donne, pour notre joie, comme un cylindre phonographique de la prononciation d'alors à Etupes. Prenant les D pour des T, elle écrit dans ses mémoires, non *Berdot*, mais : le bon M. *Bertaud*.

Citons aussi parmi les hôtes habituels du château et y allant souvent dîner, MM. les conseillers Bouthenot (1), Jeanmaire (2), Rossel (3) et M. l'avocat Duvernoy, dont nous venons de reproduire le discours (4).

A tout cela venaient fréquemment se joindre quelques officiers de la garnison de Belfort ; les quinze kilomètres qui séparaient cette petite ville d'Etupes, étaient promptement franchis par des cavaliers. Ces Messieurs, de la plus authentique noblesse, étaient assurés de rencontrer dans les jardins et dans les clairs et brillants salons d'Etupes, le plus cordial et le meilleur accueil.

Les meubles étaient chargés de fines porcelaines et toujours

---

(1) M. le conseiller Bouthenot habitait, rue des Granges, une maison qui vient d'être laissée par le dernier des Bouthenot à l'association protestante cultuelle de Montbéliard.

(2) Le conseiller Jeanmaire possédait, rue des Granges, la maison de la brasserie Arlen. Il avait au village de Dung, une maison de campagne, devenue château par suite de transformations successives. M. Georges Berger, dont on déplore la perte récente, à Paris, et M. Casimir Berger sont au nombre de ses descendants.

(3) Nicolas Rossel, membre du conseil de Porrentruy, dut quitter cette ville en 1579 pour cause de religion et se réfugier au comté de Montbéliard (A. Quiquerez. *Monuments de l'ancien évêché de Bâle*). C'est de lui que descendent les Rossel de Montbéliard et la famille Risler, dont plusieurs membres distingués habitent aujourd'hui Paris, et dont le vrai nom serait aussi Rossel. (*Tableaux généalogiques de la famille Risler.* — *Mulhouse, 1910*).

Le conseiller Rossel, dont nous parlons, habitait place St-Martin une fort belle maison qu'il avait fait construire, elle échut plus tard à la famille Beurnier.

A la Révolution où, qu'on le voulût ou non, il s'agissait de marcher, Rossel, savant en grec et en mathématiques, qui au conseil, avait comme spécialité les questions financières, dut prêter son concours au nouveau gouvernement en présidant la vente publique du mobilier des châteaux. Cela ne le préserva nullement des mille ennuis que les Sans-Culottes du lieu lui firent éprouver peu après. Il leur servit de cible, et pour prouver son dévouement à la chose publique, on le contraignit à travailler manuellement à la confection du salpêtre.

(4) M. l'avocat Duvernoy demeurait dans la maison dont nous avons fait longuement la description, contenant et contenu, dans *Notes sur Montbéliard.*

ornés d'une profusion de fleurs, les murs garnis de peintures, et aux fenêtres n'étaient que des rideaux de toile de coton encadrés de franges et de listons grenat, mais la table était abondamment et richement servie. On avait l'habitude d'y rester longtemps.

Le prince, qui se livrait volontiers, aimait les conversations de ces francs militaires. Il leur contait, sans forfanterie, en échange parfois de leurs confidences, comment en 1757, sur le champ de bataille de Leuthen, Frédéric-le-Grand l'avait nommé lieutenant-général de cavalerie, comment en 1761, il avait défendu la forteresse de Kolberg contre des forces russes supérieures, et comment, à Prague, un dragon lui avait sauvé la vie. Tous ces récits étaient assaisonnés de mille anecdotes plaisantes, dites avec bonne humeur. On parlait ainsi de la guerre, entre confrères, et par amour de l'art. A cette époque, les préoccupations patriotiques n'étaient pas nées. Frédéric-Eugène n'avait-il pas ses fils disséminés dans la plupart des armées européennes, en Prusse, en Russie, en Danemark, et pouvant se rencontrer en ennemis sur un champ de bataille ? Servir un roi était alors un métier. L'un des hôtes habituels du château d'Etupes, le vicomte de Wargemont, capitaine du Royal-Etranger en garnison à Belfort, dans une plaquette, introuvable aujourd'hui, intitulée *Le Loto d'Etupes* (1786) nous a laissé un tableau aussi humoristique que précieux des *honnêtes* soirées d'Etupes. [1]

Il n'y avait place là, ni pour le jeu d'argent, que le prince, sans pouvoir le proscrire d'une façon absolue, voyait d'un mauvais œil, ni pour les intrigues amoureuses.

Sous ce dernier rapport, la chronique scandaleuse d'Etupes est particulièrement anémique, contrairement à ce qu'il en était pour la cour de Stuttgard. — A peine pourrait-on citer les amours d'antichambre de Mgr le prince Louis, le second fils. En ayant parlé ailleurs, nous n'y reviendrons pas. Il serait à désirer que chacun réparât ses torts en amour, comme Louis chercha à le faire pour les siens, dans la mesure du possible. « Louis, — dit dans sa correspondance, l'une de ses sœurs, — est peu délicat dans ses manières et manque de tact, mais il a bon cœur. »

On jouait la comédie de société à Etupes, parfois même on y

[1] M. de Wargemont allait à Etupes, pour le bon motif, afin d'y voir Mlle de Domsdorff, qu'il préférait au loto et qu'il ne tarda pas à épouser.

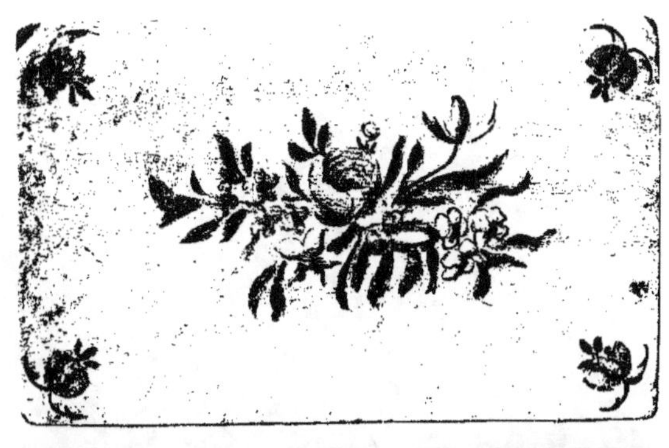

Étui et Cartes du Loto d'Étupes

vit de véritables artistes, le jour, par exemple, où on fit venir
des danseuses de Vienne pour le plaisir de S. A. S. le duc
régnant, en visite, et qui représentèrent le ballet de Médée. A
Etupes, maintenant, on ne danse plus rien de semblable.

— Cela ne vaut pas Vestris (1), dit le duc en manière de
remerciement.

On faisait aussi beaucoup de musique au château. Le prince
y prenait plaisir et faisait volontiers des présents se rapportant
à cet art. C'est sans doute de lui que ses fils, qui, bien plus tard,
s'attachèrent l'illustre compositeur Weber, tenaient leurs dis
positions musicales. Son Altesse Royale chantait et, nous devons
le croire, pas toujours agréablement. Car, de Berlin, en 1763,
d'Alembert écrivait à Mlle de Lespinasse : « M. le Président
Hénault, s'il avait été ici, aurait eu le plaisir d'entendre chanter
par Madame la princesse de Wurtemberg sa chanson : *Quoi,
vous partez sans que rien vous arrête !...* et le chagrin de l'entendre
chanter très mal. » Elle s'intéressa vivement aux fouilles qu'en-
treprit à Mandeure, un des habitués du château, que nous n'avons
pas encore présenté, M. le conseiller Parrot. La princesse prit
à sa charge les frais de ces recherches et fit diriger sur Stuttgard les morceaux les plus remarquables qui furent mis au jour.

Cette cour, d'après Mme d'Oberkirch, qu'on arrive toujours,
qu'on le veuille ou non, à citer lorsque le Montbéliard de ce
temps-là est en jeu, n'en était pas une : on y jouissait d'une
liberté entière. « Pendant la matinée, on s'associait à sa fan
taisie, on restait au château, on se promenait dans le parc, aux
environs, personne ne vous en demandait compte. Chevaux,
voitures, domestiques étaient à la disposition des hôtes, on
allait où on voulait. Après le diner, un peu de promenade, et
ensuite, jusqu'au souper, le fameux loto, dont on raffolait à
Montbéliard. »

Le jeu de loto, dont nous reproduisons, avec son étui, l'un
des cartons, est entièrement peint à la main.

Il n'y a rien de remarquable dans la façon d'écrire du prince,
mais dans les ordres de service dont nous allons parler avant de
terminer ce chapitre, on l'y voit à la fois paternel et précis dans
les détails ; administrateur économe, épris de justice et bien

____

(1) Vestris (1729 † 1808), danseur de l'Opéra à Paris, qui se surnommait
lui-même le *Dieu de la danse*.

veillant avant tout. Plus rien du guerrier ne subsiste chez lui !
Il est alors âgé de cinquante-cinq ans.

Le premier porte la date du 29 mai 1787 et débute ainsi :

« Il va régulièrement d'Etupes à Montbéliard une voiture
pour chercher les Messieurs du Conseil ou autres qui me font le
plaisir de venir dîner chez moi. Je m'arrangerai de façon à ce
que mes gens qui conduisent cette voiture arrivent tous les
jours avant onze heures, pendant que le Conseil est encore ras-
semblé. Le Conseil me fera parvenir les protocoles et autres
pièces qui sont à envoyer à ma signature par l'un des Messieurs
qui viennent dîner à Etupes. Si le protocole ne pouvait être
achevé au départ, le secrétaire Dépoutot pourra le remettre au
garçon qui conduit l'âne pour chercher les provisions pour ma
cuisine, et ce garçon recevra l'ordre d'aller toutes les après-dîner
chez le dit secrétaire. Je profiterai de la même occasion ou d'une
autre du soir, pour faire parvenir au dit secrétaire Dépoutot,
les mardis, jeudis et samedis, les lettres revêtues de ma signature qui doivent partir le lendemain (¹), comme aussi les
requêtes appointées, les comptes décrétés ou autres choses semblables, signées de ma main. S'il est trop tard, le soir, pour les
lui faire remettre, le secrétaire Dépoutot peut compter que mon
secrétaire Rosetzki lui fera parvenir le paquet de très bonne
heure avant le départ des postes. Outre cela, je donnerai l'ordre
à mes gens, quand il y en aura qui seront envoyés en ville, de
toujours passer au Conseil. Par cet arrangement, le cas ne
pourra guère se présenter qu'on soit obligé de m'envoyer des
exprès, mais cependant s'il se présentait des cas où cela fût
absolument nécessaire, la Chambre des finances ou celle de
Justice s'en chargeront. Toutes choses nécessaires pour me
tenir au courant des affaires me seront envoyées, comme jusqu'ici, avec la plus grande exactitude. Je recommande à la
Chambre des finances de faire noter bien exactement sur les
protocoles tout ce qui lui parvient, et d'avoir la plus grande
attention et à ne laisser arriérer aucune affaire. Je suis persuadé
du zèle de MM. les Conseillers, qui se feront un plaisir de se
conformer à mes désirs. » *(Arch. Nat., K 1818)*.

Voici un second ordre, il porte la date de l'année suivante ; le
prince va partir pour les eaux. Il tient à rester, pendant son
absence, en contact et s'exprime ainsi, le 14 juin 1788 :

(1) Il y avait donc trois départs de la poste chaque semaine.

« Comme je pars lundi prochain 16 pour aller aux bains de Schinznach, où je resterai jusqu'au 31 juillet, il est nécessaire que je fasse connaître au Conseil mes intentions touchant l'expédition des affaires pendant mon absence. Je désire que tout se passe suivant les principes que j'ai adoptés, que j'ai constamment suivis et qui sont connus du Conseil. Il faut qu'aucune affaire ne chôme et ne soit mise de côté, qu'au contraire toutes soient terminées et expédiées avec toute la célérité possible, en y apportant tout le soin, l'examen et l'attention nécessaires pour le plus grand bien des choses. Il faut user d'une vigilance continuelle pour maintenir avec vigueur ce qui peut contribuer au bon ordre dans les diverses parties de l'administration.

« Pendant l'inaction des tribunaux de France, il faut bien se garder de perdre de vue les affaires contentieuses que la seigneurie a par devant ces tribunaux ; cette inaction doit nécessairement avoir un terme, qui même ne peut être éloigné. Il faut mettre cet intervalle à profit pour tout préparer et mettre les affaires en état. » *(Arch. Nat., K 1819.)*

Puis il termine par quelques recommandations spéciales, entre autres, lui envoyer chaque vendredi un rapport hebdomadaire mis sous double enveloppe à l'adresse de M. Luc Preiswerk, négociant, près de la Douane, à Bâle. Il lui sera envoyé une liste des recettes et de tous les paiements effectués. S'il arrive une communication de M. de Rieger (¹) qui soit pres-

---

(1) Emmanuel Rieger, plus tard anobli, est né à Blaubeuren en 1727. Il était fils du prévôt de cette ville, qui portait le même prénom et qui fut ensuite conseiller d'Etat. Sa mère était Madeleine-Sibylle Weissensée, poète estimé en Allemagne.

En 1786, M. de Rieger fut envoyé comme conseiller privé, chargé d'affaires du Wurtemberg à Paris. Sa première communication est du 25 avril. Le 16 du même mois il était encore à Montbéliard, où il s'était arrêté pour prendre les instructions de Frédéric-Eugène. Sa dernière lettre adressée au Conseil de Montbéliard, en l'absence du prince, est du 21 septembre 1792 et datée de Londres, nous en reproduisons un passage :

« Je me suis trouvé dans la dure et triste nécessité de suivre l'exemple de tous les ambassadeurs et ministres étrangers qui étaient restés après la catastrophe du 10 août, et de quitter précipitamment une terre devenue inhabitable, pour le corps diplomatique. Comme les événements qui se sont succédés depuis cette époque n'ont constaté que trop qu'il n'y eut plus un instant à perdre pour mettre en sûreté sa vie et la dignité de sa représentation, il a fallu calculer soigneusement les distances et s'en tenir à la route la

sante, le Conseil s'assemblera aussitôt *in pleno* pour délibérer et faire la réponse convenable, et s'il n'y a pas *periculum in mora*, il sera fait au prince un prompt rapport.

Le prince entre encore dans d'autres détails. Tout comme nos députés, qui lui ont succédé dans l'exercice du pouvoir, il exige que les faveurs passent par lui et que toutes pièces soient envoyées à sa signature, qu'aucun denier d'amende, qu'aucune autorisation de vendre du tabac, ne soit donné en dehors de lui. Il veut aussi que les sieurs Sandherr, Rose, Gavey, Bernard, Baudinot, Pilon, Briot et Tisserand, officiers des diverses seigneuries, soient instruits d'annoncer directement au Conseil, pendant son absence, les choses qui concernent leurs départements respectifs.

Après ces instructions, fort détaillées, comme on le voit, voici une note brève qui achève de peindre l'homme :

« Je ne peux m'empêcher d'observer qu'il est nécessaire, dans les séances du Conseil et surtout de la Chambre de Justice, d'écouter avec flegme et patience tous ceux qui sont cités devant elle, de ne jamais les brusquer ni les intimider, et après cela, de juger définitivement des choses, avec ce même flegme si nécessaire dans les affaires ».

— Le flegme ! c'est ce dont on allait manquer le plus, aux temps où nous allons arriver.

plus courte et la moins empêchée en apparence, pour gagner au plus vite les frontières du Royaume, ce qui m'a déterminé à m'embarquer à Boulogne-sur-Mer et à venir me réfugier à Londres, y attendant, avec ceux qui m'avaient déjà précédé, les ordres ultérieurs de nos cours respectives ». (*Collection Duvernoy*).

CHAPITRE II

———

Troubles et désordres

Sept ans se sont passés depuis le moment où, dans un précédent écrit ([1]), nous avons montré Paul Ier, alors Grand-Duc de Russie, en séjour à Etupes, prenant part aux réjouissances qui se donnaient en son honneur. A ces fêtes, où parfois la noblesse d'Alsace fut conviée, Mgr le prince-évêque de Bâle à Porrentruy, s'intéressa gracieusement, en envoyant à Etupes toute sa vaisselle plate, estimée un million de francs ([2]). Nous sommes en 1789, année qui, après bien des résistances et sous la pression de la nécessité, vit s'ouvrir à Versailles, l'assemblée des Etats généraux.

A ce moment, sans porter ses vues au-delà, on pensait à trouver un moyen efficace pouvant porter remède, à la fois, à la pénurie du trésor aux abois et à la misère qui accablait les habitants de ce beau royaume de France.

L'hiver avait été long et rude, particulièrement en Franche-Comté. Les provisions de toute nature se trouvaient épuisées, dès lors, souffrances indescriptibles. Tous les yeux étaient tournés du côté de Versailles d'où devait venir le salut. Lorsqu'on apprit en province le résultat des journées des 12, 13 et 14 juillet, terminées par la prise de la Bastille, l'ébullition fut à son comble.

A ce moment même survenait, — coincidence étrange —, au château de Quincey, près Vesoul, un événement inattendu qui remua la contrée toute entière et qui devint le signal d'une conflagration générale dans la province.

M. de Mesmay, membre du parlement de Besançon, son propriétaire, ne se sentant plus en sécurité chez lui, s'était réfugié en Alsace. Le 19 juillet, une troupe de paysans, grossie par plusieurs soldats de la garnison de Vesoul, qui s'était déjà livrée à des actes de violence dans la journée, vers sept heures,

(1) Princes et Princesses en voyage.
(2) A Quiquerez. Monuments de l'ancien évêché de Bâle page 232.

se présentèrent au château de Quincey dont les caves étaient
réputées. Le concierge et le tonnelier leur versèrent à boire
dans une salle du second étage du vieux château. La soirée
était belle, les convives buvaient depuis longtemps d'excellent
vin, mais pour terminer plus agréablement la fête, on décida
de se transporter sous la charmille du jardin, adossée au *volailler*.

Dans le petit bâtiment en question se trouvait entreposé, —
ce que les paysans ignoraient — un baril de poudre. L'impru-
dence d'un fumeur en détermina l'explosion. La décharge fut
terrible, il y eut de nombreux blessés et sur le champ, les membres de cinq victimes, déchiquetés, jonchèrent le sol du jardin.
M. de Mesmay n'était pas un mauvais homme, il donnait
l'exemple d'un travail utile, faisant des plantations dans les
coteaux pierreux, améliorant les sentiers et les chemins autour
de lui ; mais pour le peuple, quoi de plus naturel que de voir
là un guet-apens! Une guerre aux nobles fut aussitôt déclarée,
on mit le feu au nouveau château, qui brûla pendant cinq
heures, et malgré les bons moments qu'on y avait passés, on
ne manqua pas de démolir en partie le vieux château.

Lors de l'information qui fut ordonnée au sujet de ces
événements, le Mis de Langeron (1), gouverneur de la province, dit que faute de preuves évidentes, l'accusation ne pourra
être ni prouvée ni détruite ; que M. de Mesmay n'a contre lui
qu'un caractère bizarre, et que les grands crimes cependant
ne peuvent être supposés, sans que ceux qui sont capables
de grands forfaits n'y soient poussés par l'intérêt. Mais ce rai-
sonnement n'est pas à la portée de la masse. On fit paraître
aussitôt un écrit intitulé : *Crime affreux commis au château de
Quincé près Vesoul*, auquel M. de Mesmay ne tarda pas à opposer
un mémoire justificatif. On l'avait accusé d'avoir pratiqué des
mines pour faire sauter ses convives forcés.

Le surlendemain de l'événement de Quincey, des paysans
de la Haute-Saône se rendaient à Montbéliard pour y acheter
de la poudre.

(1) Nous pensons qu'il s'agit de Langeron (Andrault comte de), né à Paris
en 1743, mort à St-Pétersbourg en 1831. Il avait fait ses premières armes
sous Rochambeau et revint colonel, fut chargé en 1792 de l'organisation
d'un corps d'émigrés. Il se trouva dans l'armée Russe à la bataille d'Austerlitz,
à Leipsick, fit la campagne de 1814 et marcha sur Paris avec l'armée de
Silésie, dont il commandait l'aile droite. (Suchaux. Galerie Héraldo-nobiliaire
de Franche-Comté).

Comme d'habitude, l'après midi de ce jour là, le cuisinier du château avait envoyé en ville, aux provisions, le garçon sous ses ordres, qui conduit l'âne attelé à la petite voiture. Voici la lettre que le négociant Leconte, demeurant au faubourg au coin de la place de l'Enclos lui remit, avec force recommandations de bien s'acquitter de sa commission.

LÉOPOLD-FRÉDÉRIC LECONTE (¹) NÉGOCIANT, AU PRINCE FRÉDÉRIC-EUGÈNE,

Montbéliard, le 21 juillet 1789.

Monseigneur,

Je viens d'apprendre, environ les six heures du soir de ce jour, par un particulier d'Onans auquel j'ai vendu des munitions de chasse, que la communauté de ce lieu avait délibéré de commencer demain le premier acte contre le Seigneur, par une chasse générale ; que pour cet effet, ils avaient emprunté des fusils de plusieurs brigades d'employés, et que lui, commissionnaire, avait entendu dire que V. A. S. devait se trouver demain à Saulnot, mais qu'il ne serait pas bon qu'ils y rencontrent Votre Altesse Sérénissime.

La violence à laquelle se porte le Tiers-État en Franche-Comté et l'intérêt que je prends à la conservation d'un prince si chéri, me fait prendre la hardiesse d'instruire V. A. S. de ce qui m'a été dit, persuadé que mon avis, s'il ne sert à rien, ne sera pas défavorable et que V. A. S. pardonnera la liberté que je prends et ne l'attribuera qu'au zèle qui m'anime pour sa conservation.

J'ai la grâce de me dire, avec un très profond respect... etc.

Léopold-Frédéric Leconte,

à Son Altesse, Monseigneur le prince Frédéric-Eugène à Etupes,

(Arch. Nat., K. 1818).

(1) Frédéric-Léopold Leconte était à Montbéliard, le Potin, le grand épicier du temps et de l'endroit. Pendant que dans son magasin, il débitait la mélasse et mille condiments divers, dans l'usine qu'il avait installée aux portes de la ville, aux *Neufs Moulins*, il manutentionnait le tabac, livré ensuite à la consommation, suivant les formes et au goût du jour. L'auteur descend de lui en ligne directe.

Ayant sans doute pris ses informations, reçu d'autres avis corroborant le premier et en étant troublé, le prince se décide à demander aide et protection au gouverneur de Belfort. A ce moment, il n'y avait plus tension comme au temps de Louis XIV. L'une des filles de Frédéric-Eugène, par son mariage avec François de Toscane, qui plus tard sous le nom de François II devint empereur d'Autriche, était devenue proche parente de la reine de France Marie-Antoinette.

Le prince donc, deux jours après avoir reçu l'avis que nous avons reproduit, s'affranchissant de toute voie diplomatique, afin de gagner du temps, écrit à Belfort, directement :

FRÉDÉRIC-EUGÈNE AU COMTE DU LAU,

Etupes, le 23 juillet 1789.

Je supplie Monsieur le commandant de Belfort d'avoir la bonté d'assister ce pays qui se trouve menacé de plusieurs côtés par une troupe considérable d'incendiaires qui se propose de brûler les châteaux de Montbéliard et d'Etupes, par un détachement de soixante dragons et par six cents fusils et un nombre suffisant de cartouches, pour pouvoir armer le peuple pour la défense de Montbéliard et d'Etupes.

J'aurai le plus grand soin de la subsistance de la troupe et de faire remettre en son temps le tout, dans le meilleur état possible, et je serai pénétré de la reconnaissance la plus respectueuse et la plus vive pour cette marque de bienveillance.

Frédéric-Eugène, duc de Wurtemberg.

(Fonds du Lau).

A partir de ce moment, l'idylle, les jours heureux, sans graves soucis, du petit souverain de Montbéliard, sont terminés. Jusqu'à son départ du pays, ce ne sera plus pour lui que troubles, vexations, alarmes, le plus souvent justifiées, d'autres fois vaines.

Les troupes françaises demandées par lui furent accordées sur l'heure, comme on va le voir par la lettre de remerciements du prince, que voici :

FRÉDÉRIC-EUGÈNE AU COMTE DU LAU.

Château de Montbéliard, le 23 Juillet 1789.

Monsieur,

Je m'empresse de vous témoigner toute l'étendue et toute la vivacité de ma reconnaissance pour la bonté que vous avez eue d'envoyer ici, à mon secours, le détachement de Monsieur le chevalier de la Roche, qui vient d'arriver en ce moment, et que j'attendais avec une d'autant plus grande impatience que mes nouvelles deviennent de moment en moment, plus alarmantes.

Je viens d'apprendre il y a peu d'heures, que l'intention de ces forcenés, qui démolissent et brûlent tous les châteaux et ont démoli l'importante abbaye des Trois Rois, est d'en faire autant de grand matin, de mon château d'Héricourt, puis s'ils le peuvent, au château de Montbéliard. La bourgeoisie de Montbéliard est animée de la meilleure volonté pour se défendre contre ces brigands.

Frédéric-Eugène, duc de Wurtemberg.

(*Fonds du Lau*).

Les actes de pillage et d'incendie, dont il est ici question, portant atteinte aux biens des seigneurs et des couvents, étaient consécutifs de l'affaire de Quincey. Les moines de l'abbaye des Trois Rois, près de L'Isle-sur-le-Doubs, qu'on ne tarda pas à attaquer et à chasser, on vient de le dire, se réfugièrent à Montbéliard ; mais le prince ne jugea pas convenable qu'ils s'établissent dans cette ville, acquise à la Réforme.

Le soir même de son arrivée, le chef des troupes de Belfort, que l'officier du prince, Goguel, à la tête d'un détachement, était allé recevoir à la borne frontière des territoires, rend compte de son voyage.

LE CHEVALIER DE LA ROCHE AU COMTE DU LAU.

Château de Montbéliard, le 23 Juillet 1789.

Arrivé au château de Montbéliard sans aucune espèce

d'accident, j'y vois mon établissement beaucoup trop divisé pour une troupe à cheval, il m'a fallu jeter en passant dix hommes et un maréchal des logis, au château d'Etupes, dix autres sont logés dans l'intérieur du château de Montbéliard, vingt autres sont séparés dans deux endroits dans l'intérieur de la ville, chaque subdivision se trouvant aux ordres de son brigadier. Les dix hommes que j'ai laissés à Etupes en passant ont, à ce que m'a fait l'honneur de me dire Son Altesse, cinquante hommes à pied pour les soutenir, mais ces cinquante hommes sont sans armes et presque sans munitions, celles que Son Altesse vous avait fait demander ne lui ayant pas été envoyées... Demain, dès le matin, j'irai visiter cet établissement et j'en retirerai probablement mes hommes s'il vous est impossible de me procurer un secours d'hommes, d'armes et de munitions. Peut-être même prendrai-je le parti de bivouaquer la nuit prochaine si je ne puis trouver le moyen de fournir un établissement plus concentré. Je pense qu'un détachement d'infanterie nous deviendrait de la dernière nécessité si, comme son Altesse l'assure, il doit se voir assailli par plusieurs milliers de bandits.

Je n'ai garde de croire à ce nombre extraordinaire, mais il serait bien humiliant pour un militaire, de voir son détachement victime, dans une circonstance si peu propre à le faire valoir... Deux heures et demie vont sonner...

Le Chevalier de la Roche.

(*Fonds du Lau*).

L'agitation se propage ; voici ce que nous lisons dans un billet du prince, malheureusement sans date, adressé au Comte du Lau :

« Général,

Quatre villages et peut-être plus, marchent pour nous attaquer à Montbéliard, venant du côté d'Héricourt et de la Franche-Comté.

Nous serons attaqués vers minuit probablement. Procurez-nous des secours s'il en est moyen.

A dix heures 1/2. »

Chaque jour, le chef du détachement rend compte à son supérieur des événements de la journée et de l'emploi de son temps. Transcrivons deux de ses lettres :

LE CHEVALIER DE LA ROCHE AU COMTE DU LAU

Montbéliard, 24 juillet

..... Notre temps n'est pas perdu. Nous l'employons à donner à notre milice nationale une consistance qui n'est pas, comme elle aimait à se le persuader, l'affaire d'un instant. Vous partageriez bien avec nous l'attachement, l'attendrissement que tous les citoyens ont pour le prince, si vous étiez présent. Mais nous avons pu calmer leurs pleurs pour être plus en état d'agir lorsque le danger pourra l'exiger.

Dans le manuscrit L.-C. Goguel de la bibliothèque de Besançon, nous trouvons quelques détails pittoresques se rapportant au costume des troupes montbéliardaises, pour l'habillement desquelles on a multiplié les couleurs.

« Il se forma de suite deux compagnies bourgeoises, l'une de grenadiers en uniforme bleu, revers et parements blancs, et une de chasseurs, habits verts, revers et parements rouges, qui, après avoir été exercées par le sergent-major français, rivalisèrent avec les troupes de ligne, tant pour le maniement des armes que pour la manœuvre.

« Il s'était déjà formé une compagnie à cheval des bourgeois les plus marquants, qui prirent premièrement l'uniforme rouge, col et parements noirs, et qui, à la suite, se montèrent en mousquetons, sabres et porte-mousquetons, le tout à leurs frais, et prirent l'uniforme vert, col et parements cramoisis. Ils ont continuellement fait le service jusqu'à notre francisation ».

D'après le même écrivain, militaire de son état, ces troupes étaient commandées par d'anciens officiers des régiments suisses, tous Montbéliardais, le capitaine Parrot, le brave capitaine Scharfenstein, dont on avait, dans le parler vulgaire, travesti le nom en celui de *Chafrichtaine*, le lieutenant Lalance. Disons en passant, à ce sujet, que le père de l'illustre naturaliste Cuvier était également un Montbéliardais, ancien officier aux régiments Suisses, mais au moment en question, arrivé à un grand âge, il était hors d'état de remplir aucun service actif.

Le chef du détachement de Montbéliard continue à tenir le comte du Lau au courant des évènements.

LE CHEVALIER DE LA ROCHE AU COMTE DU LAU.

Au château de Montbéliard, le Vendredi 24 Juillet 1789.

Les patrouilles ont été des plus actives sans fatiguer cependant les chasseurs, mais assez pour les tenir tous en haleine et servir à leur instruction. Celles de Son Altesse la servent avec un zèle, un amour pour leur prince, qui fait bien voir combien il est chéri. Elles ont de plus une connaissance parfaite du pays, qui devient à mes chasseurs de la plus grande utilité, aussi ne laisserai-je aucune occasion d'en profiter. Tout semble annoncer que les brigands tentent de nous échapper. Un de mes chasseurs ayant été forcé de faire referrer son cheval à Héricourt, s'est aperçu assez à temps que les habitants paraissaient avoir de mauvaises intentions, mais il a su leur échapper.

Je vois avec plaisir que ces reconnaissances multipliées nous seront utiles à tous. En compagnie de Son Altesse, je viens d'en faire une qui m'a donné des idées que je n'avais pas et dont je saurai profiter à l'occasion.

(*Fonds du Lau*).

Il y avait cependant une exception à cette ardeur et à ce zèle général dont il vient d'être parlé. Elle nous est fournie par l'ordre des avocats. Ces Messieurs, se jugeant d'une essence supérieure, témoignent leur répugnance à servir dans la milice bourgeoise à côté de simples artisans, ce qui nous vaut cette déclaration du prince :

Si, confondant leur qualité d'avocats avec celle de bourgeois pour mettre l'une et l'autre au-dessus de leurs concitoyens, ils trouvaient au-dessous d'eux d'être sous la direction de leurs chefs naturels de la bourgeoisie, je tâcherai de mettre tout le monde d'accord en allant commander moi-même la garde bourgeoise. J'ai passé tant de nuits blanches au bivouac, que j'en passerai encore une ou plusieurs, s'il

*le faut, pour faire le bien de la bourgeoisie, dont je me déclare être
membre quoique duc de Wurtemberg.*

Poursuivons le dépouillement commencé :
Dans la lettre que voici, nous verrons un Frédéric-Eugène
réellement affectueux.

FRÉDÉRIC-EUGÈNE AU COMTE DU LAU.

Montbéliard, le 31 Août 1789.

Monsieur,

Je vous suis infiniment obligé de l'attention obligeante
que vous avez bien voulu me témoigner en me faisant
prévenir que le détachement des chasseurs d'Alsace que
vous avez eu la bonté d'envoyer ici en repartira le 4 de
Septembre et sera remplacé par un autre de même force
du régiment des chasseurs de Champagne.

Je regrette de la manière la plus vive, en M. le chevalier
de la Roche, un ami à qui je me suis particulièrement
attaché et un homme d'un mérite très solide, tant pour
l'étendue du jugement et les qualités du cœur, que pour
les connaissances et les talents militaires.

Vous ajouterez beaucoup, M. le comte, à toutes les obligations que je vous ai déjà, si vous vouliez avoir la bonté
de choisir pour le commandement du détachement des
chasseurs de Champagne qui doit venir ici, des personnes
d'un mérite semblable à celui de M. le chevalier de la
Roche et de messieurs les autres officiers du même régiment qui vont quitter ce pays-ci et dont le départ me cause
tant de regrets.

Je vous prie instamment, Monsieur le comte, de vouloir
bien avoir égard à ma demande et d'être assuré que ma
reconnaissance ne pourra être égalée que par la considération la plus distinguée avec laquelle j'ai l'honneur d'être,
Monsieur,

Votre très humble et très obéissant serviteur.

Frédéric-Eugène, duc de Wurtemberg.

La lettre du 24 juillet du chevalier de la Roche, que nous avons donnée, en plus des sentiments réconfortants pour le prince, témoignés par la population, indique une certaine confiance dans les événements. Cependant, c'est ce jour même que dans la terre de Granges avait lieu, à quinze kilomètres seulement de Montbéliard, le pillage de la saline de Saulnot, appartenant au prince.

Voici comment M. Roy relate cet événement :

« Le 23 juillet, les habitants de plusieurs villages de la terre de Granges se sont assemblés au nombre de trois cents à la saline de Saulnot. Ils commettent toutes sortes de dévastations, brûlent les meubles qui leur tombent sous les mains, enlevant tout l'argent qui se trouve dans les coffres, ainsi que ce qui est de facile transport. Ils livrent au feu les papiers de la régie des salines. Le sieur Pilon, régisseur, pour échapper aux poursuites des émeutiers, est forcé de se retirer à Montbéliard. En même temps ils détruisent la tour des archives qui est dans la maison du sieur Pilon père. Dans leur rage insensée, ils répandent sur le sol tout le sel contenu dans les magasins de la saline ».

Le tableau est complet. On voit distinctement le caractère du mouvement ! Si on s'attaque à la saline de préférence à toute autre chose, c'est en raison des droits existants sur le sel. Si on détruit la tour des archives, c'est pour mettre à néant les ordonnances établissant les droits du seigneur. Ce nouvel acte accompli, les paysans sont certains que par là, ils sont à jamais affranchis de toute redevance. De nos jours, dans un but analogue, on a parfois parlé de brûler le Grand-Livre de la Dette publique. Mais pour en revenir au sel, il est à remarquer que l'impôt sur cette denrée continue à subsister. Dans un intéressant article sur l'Évolution des dépenses privées (1), le Vte d'Avenel, auteur qui ne mentionne que rarement les sources auxquelles s'alimente son récit, nous apprend que sur quarante-cinq millions de francs que paient actuellement les Français pour leur sel, il y en a trente-trois qui entrent dans les caisses de l'État.

(1) *Revue des Deux Mondes*, 15 avril 1910.

Le lendemain de l'affaire de Saulnot, point d'apaisement. Frédéric-Eugène se montre fort ému. La princesse, son épouse, comme on pourra en juger par la lettre que, *motu proprio*, elle adressa à l'officier commandant les troupes à Montbéliard, l'est davantage encore :

LA PRINCESSE DOROTHÉE DE PRUSSE, PRINCESSE DE WURTEM-
BERG, AU CHEVALIER DE LA ROCHE,

Le samedi 25 juillet.

..... Dans ce moment, j'apprends que cette infâme troupe de brigands est au nombre de quarante (¹), qu'ils forcent différents particuliers des communautés à se joindre à eux, ce qui forme aujourd'hui une troupe de mille à dix-huit cent hommes, qui se portent dans les châteaux des environs et particulièrement à celui de M. le marquis de Grammont.

Je vous prie de prévenir de cela M. le comte du Lau, et de lui dire que le meilleur moyen de détruire cette canaille serait de les traquer, ce que la position du pays favorisera. Et si M. le comte du Lau goûte ce projet, je le prie de m'informer du jour et de l'heure pour concerter cette opération.

Dans ce moment, j'apprends que le château de Gram-mont est démoli et qu'ils arrivent ce soir à Arcey, leur projet étant de venir attaquer Montbéliard et Etupes lundi (²) ».

(Fonds du Lau).

On voit que Sophie-Dorothée, qui appartenait à une race de guerriers, s'en souvient, et n'y va pas de main morte !

De son côté, le prince estime prudent de parer à toute éventualité. Il fait partir sa dite épouse pour Belfort, accompagnée du

---

(1) Cette lettre, en parlant du nombre des assaillants, — que M. Roy vient de fixer à trois cents, — est assez incohérente.

(2) La nouvelle est fausse car, à aucun moment, nous écrit M. le marquis de Grammont, grâce au dévouement des habitants de Villersexel, le château ne fut sérieusement menacé, il fut toujours habité ; par suite, cette famille n'a pas émigré. Le château de Grammont, détruit pendant la guerre de 1870, a été depuis rétabli d'une façon somptueuse.

baron et de la baronne de Maucler, donnant mission à la duchesse d'informer la Cour de France de ce qui se passe. On dira peut-être qu'il aurait été qualifié pour se charger de ce soin, mais il pensa sans doute que la signature d'une personne de sang royal, comme l'était la princesse, aurait plus de poids que la sienne propre.

Voici donc, ce qu'en termes mesurés et diplomatiques, et sans doute avec la collaboration de M. de Maucler, la duchesse, en une lettre châtiée, envoie à Versailles :

La princesse de Wurtemberg au comte de St-Priest,
    a Versailles (¹).

29 juillet 1789.

En vous peignant, Monsieur, l'alarmante position où nous nous trouvons, je suis bien certaine que vous aurez la bonté d'obtenir du Roy les secours dont nous avons besoin pour notre sûreté et je vous en aurai la plus sincère et la plus vive reconnaissance. Les seigneuries que nous possédons dans la Franche-Comté ont été ravagées et quoique la perte que nous éprouvons soit très considérable, nous ne demandons pas, en ce moment-ci, pour cet objet, une attention particulière du gouvernement, puisque c'est le sort de toutes les terres de Franche-Comté ; mais ces mêmes bandits qui les ont ravagées, ainsi que les frontières de l'Alsace, menacent depuis plusieurs jours la ville de Montbéliard, la principauté, et surtout les deux châteaux que nous y habitons.

J'ai été obligée de fuir, tandis que mon mari et mes enfants sont restés pour défendre leur pays et leurs possessions. Nous avions demandé de nous prêter les armes de l'arsenal de Belfort, où il y a six ou sept mille fusils en réserve, mais les habitants et surtout les paysans des environs s'y sont opposés avec violence. Trop éloignés du Wurtemberg pour en faire venir des troupes assez à temps, surtout à cause des formalités qui sont à observer

---

(1) *Le comte de St-Priest*, ministre de la guerre par intérim dans le ministère Necker (16 juillet-4 août 1789), remplacé par M. de la Tour du Pin.

pour les obtenir, nous nous sommes crus en droit d'attendre notre tranquillité d'où venaient nos inquiétudes, et nous avons réclamé des secours à la garnison de Belfort. Nous avons toujours trop éprouvé la bienveillance du Roy pour n'être pas bien persuadés que ce sont ses intentions d'aider à secourir tout ce qui a le bonheur d'être dans son voisinage, surtout quand le trouble vient de ses propres sujets. Nous avons beaucoup à nous louer, Monsieur, de M. Ermann (¹), qui était à Belfort lors de nos premières inquiétudes, de M. le comte du Lau, qui est venu y commander après lui et de M. le baron de Chazelle, qui en est le lieutenant du Roy et de qui l'activité et le zèle sont infatigables. M. le marquis de Langeron a aussi pris les meilleures précautions pour garantir ou purger la Franche-Comté des brigandages qui la désolent; mais loin, cependant, que le calme soit prêt à renaître, nous avons à tous moments de nouveaux sujets d'inquiétude et craignons que M. le comte du Lau n'ose pas prendre sur lui de nous laisser plus longtemps les deux petits détachements d'infanterie et de chasseurs qu'il nous a donnés dans nos premières alarmes.

Je vous demande en grâce, Monsieur, de vouloir bien obtenir de S. M. le plus promptement possible les ordres nécessaires à ses commandants en Alsace et en Franche-Comté pour nous donner les secours dont nous avons besoin.... notre position est inquiétante.

Dorothée de Prusse, princesse du Wurtemberg.

[Fonds du Lau].

Cette demande, qui correctement aurait dû être présentée au gouvernement par M. le Baron de Rieger, chargé des affaires du Wurtemberg en France, rencontra néanmoins tout accueil. M. le comte de St Priest, ministre de la guerre, s'empressa d'en envoyer copie en la lui recommandant, au comte de Rochambeau gouverneur à Strasbourg, qui donna sur le champ ses instructions au comte du Lau à Belfort, comme en fait foi la correspondance échangée à la suite, entre le comte du Lau et le prince :

(1) L'auteur ne possède aucun renseignement sur M. Ermann.

LE COMTE DU LAU AU PRINCE DE MONTBÉLIARD.

Belfort, le 12 Août 1789.

Je m'applaudis, Monseigneur, d'avoir prévenu les intentions du Roi, dont je ne doutais nullement, comme j'ai eu l'honneur de le dire à V. A. S.

Ainsi elle peut compter qu'à moins d'événements que je ne puis prévoir, je ne songerai pas à rappeler les détachements de chasseurs à cheval et d'infanterie qui sont à Montbéliard, jusqu'à ce qu'on puisse compter sur un calme décidé. Quant à de nouveaux secours, il me serait impossible d'en envoyer en ce moment, étant prévenu par M. le Baron de Falkenhayn (¹), que je dois fournir à Thann et à Cernay sur la réquisition de M. le Baron de Vielinghoff (²), qui commande cette partie là. Si cependant il survenait un danger pressant dans la principauté de Montbéliard, V. A. S. peut compter que je ne négligerai rien pour la seconder dans sa défense.

Le comte du Lau.

A cette lettre le prince répond avec tout autant d'amabilité :

« Vous avez encore ajouté à mes obligations par la lettre du 12 de ce mois que vous m'avez fait l'honneur de m'écrire de main propre. J'aurais l'honneur de vous répondre de même si mon écriture était moins illisible. Je suis sensible au dernier point, M. le comte, à la bonté que vous avez d'entrer dans tous les détails relatifs aux ordres qui vous ont été adressés de la part du Roi pour secourir la principauté de Montbéliard et vos arrangements en conséquence, que votre amitié pour moi vous engage à prendre et vous porte à faire encore au besoin... Je vous prie, Monsieur le comte, d'être bien persuadé que je sens tout le prix de vos intentions obligeantes ».

On voit qu'il y avait entre ces deux hommes plus d'attaches que celles qui peuvent résulter de relations officielles. Ils étaient, malgré les distances, unis.

(1) Le baron de Falkenhayn, général en chef des armées du roi, chargé des inspections.

(2) Vielinghoff (Georges-Michel, baron de), maréchal de camp depuis le 1ᵉʳ mars 1786. Se trouvait an château des Tuileries lors de la journée du 26 juin 1792.

Si on voulait rapporter tous les désordres, vols, meurtres, pillages, qui s'exercèrent en ce temps-là dans la contrée, il y aurait des volumes à remplir.

Parfois on s'émut à tort; ainsi le lendemain de l'arrivée des deux compagnies françaises l'on battit la générale, tous les bourgeois alors bien armés furent sur pied, de même que les compagnies françaises. S. A. S. était sur la place d'Armes avec les troupes. Deux patrouilles à cheval furent envoyées à la découverte, elles rapportèrent que ce n'était que des paysans des villages des Bois qui, conduisant du charbon à la forge d'Audincourt, avaient fait du feu pendant la nuit pour se chauffer. On s'était donc alarmé en vain.

Plus tard, grand vacarme motivé par un rassemblement considérable au pont de Voujaucourt. Les princes Alexandre et Henri, encore imberbes à ce moment, étaient allés à la chasse, accompagnés de M. Kuttler, secrétaire particulier du prince. A Voujaucourt, on les avait pris pour des émigrés français. Ce bruit se répandit dans toute la montagne, et le lendemain, trois à quatre mille hommes en descendirent. L'aubergiste du pont de Voujaucourt vint sur le champ avertir S. A. On battit la générale, la cavalerie et l'infanterie furent sous les armes, le prince fit avancer deux pièces de canon sur le grand pont et fit couper le pont de bois. On envoya ensuite une forte patrouille de cavalerie à Voujaucourt, et après avoir tout bien examiné, le chef du détachement rapporta que les montagnards s'en retournaient chez eux après s'être assurés que ce qu'on avait cru être des émigrés n'était effectivement que les deux princes avec M. Kuttler. Toute la troupe fut renvoyée et Montbéliard fut débloqué, on rétablit le pont en bois tenant lieu de pont-levis.

Le Conseil de la principauté informe le duc régnant à Stuttgard de ce qui se passe dans la contrée, lui parle de l'insubordination des sujets et des violences auxquelles on se livrerait si les troupes françaises réquisitionnées ne dissipaient pas les attroupements. Un des principaux désordres est le refus général de lever les dîmes, refus accompagné de menaces si terribles qu'aucun notaire ou personne publique n'ose se rendre sur les lieux pour opérer. On ne touchera rien à la Saint-Martin et on n'a pu encore entreprendre aucune reconnaissance du sac des salines de Saulnot. Dans les villages dits des

3

Bois, Etobon, Le Magny, Belverne, Frédéric-Fontaine, on tient des propos insolents.

Non seulement on ne paie pas les redevances, mais on s'empare des denrées qui circulent. Ainsi un convoi de vivres allant de Couthenans à Montbéliard est pillé par les gens turbulents d'Héricourt.

A Beaucourt on fait feu sur les chasseurs du prince. Les habitants d'Abbévillers, intimidés par ceux d'Hérimoncourt, n'osent plus amener à Montbéliard le produit de leurs dîmes.

Bref, si un accord parfait règne en ville entre le prince et les bourgeois, dans les campagnes le désordre s'accentue et se généralise. Toutefois, il est moins violent que dans le Sundgau. Nous allons maintenant y pénétrer en présentant d'abord un rapport daté d'Altkirch émanant d'un officier que le comte du Lau y a envoyé.

Toutes les pièces qui formeront ici la trame de notre récit, sont tirées du *Fonds du Lau*.

CHAPITRE III

Mouvements révolutionnaires dans le Sundgau.

L'originalité des documents que nous utilisons, le lecteur a pu déjà le remarquer, c'est qu'ils émanent tous de ce que nous pouvons nommer la place forte des assiégés et non, comme la plupart des documents publiés ailleurs, du camp des assiégeants.

Après avoir parcouru la région Montbéliardaise, jetons donc un coup d'œil sur la contrée voisine du Sundgau.

De Belfort, on a dû y envoyer des troupes, et voici le récit que fait à son chef, lors de son arrivée à Altkirch, l'officier placé à leur tête.

L'OFFICIER BOUTET AU COMTE DU LAU.

Altkirch à midi ½, le 26 Juillet 1789.

J'arrive dans ce moment-ci, Monsieur le comte, avec le second bataillon de la Marine. Tout ce malheureux pays est dans l'insurrection la plus violente. Les paysans commettent des horreurs partout et se rassemblent de toutes parts pour brûler, piller et démolir les châteaux, couvents et abbayes; ils enlèvent tous les papiers des municipalités, notaires et contrôles.

Ils en ont terminé avec les juifs, auxquels ils n'ont laissé, dans les environs, que les yeux pour pleurer...

Ici nous nous trouvons dans la nécessité d'interrompre l'intéressant récit de l'officier Boutet pour parler de la question juive en Alsace :

Quittez un vil trafic, renoncez à l'usure,
Aux arts et aux métiers joignez l'agriculture.

Placés au-dessous d'une gravure représentant quelques juifs, ces sages conseils, plus faciles à donner qu'à suivre alors, forment l'épigraphe d'un livre publié en 1790, sans nom d'auteur ni de lieu d'impression, sous ce titre :

Les Juifs d'Alsace doivent-ils être admis aux droits de citoyens actifs ?

L'auteur, fortement prévenu contre eux, donne une réponse négative. Il s'appuie sur des textes et regarde les enfants d'Israël comme une race inférieure, malfaisante. Il estime que pour rendre supportables ceux d'Alsace, au milieu desquels il vit, il serait nécessaire d'en réduire le nombre. Comme on le ferait s'il s'agissait d'un troupeau, il propose sérieusement de les distribuer dans les 83 districts de France, où ils pourraient établir des fabriques et acquérir des métairies.

On pourrait aussi les employer à dessécher des marais, pense notre bienveillant auteur, à défricher les landes de Bordeaux, à telles conditions qu'il plairait au roi de les soumettre ; c'est ainsi que s'opérerait leur régénération. — Ce n'est pas tout ! Il propose aussi de les embarquer pour les ports d'Afrique, espérant qu'ils apprendraient à manier la pelle et la pioche et se feraient à l'ardeur du soleil, les membres, suivant sa remarque, se fortifiant par l'exercice ! — S'il connaissait encore d'autres procédés pour s'en débarrasser, l'auteur ne se ferait pas faute de les indiquer.

Telles sont les notions de liberté, d'équité, de fraternité et d'équivalence des races que possède notre savant anonyme, qui ne voit que des avantages à l'adoption de sa méthode : l'usure et un commerce clandestin disparaîtraient ainsi sur l'heure, il l'affirme, sans compter qu'une partie énorme de la surface du royaume serait mise en valeur.

Ainsi donc, si en Alsace le juif est exécré, ce n'est pas uniquement par les misérables paysans du Sundgau, mais encore par les gens instruits et réfléchis, les intellectuels. A quoi cela tient-il ? — A tout un ensemble de faits.

Les Juifs ayant crucifié Jésus-Christ, comme on l'enseignait, — faute politique de premier ordre, fait dont les conséquences néfastes surtout, ont pesé sur toute une race pendant de longs siècles — les juifs étaient tenus hors la loi : on les rendait responsables de tous les maux qui survenaient. Les carrières, sauf le commerce et la petite banque, voisine de l'usure, leur étaient fermées. Ils s'y adonnaient, et comme on était peu pitoyable pour eux, ils agissaient de même. De là des haines invétérées embrassant toute la race.

Depuis, on a pu constater que ce peuple, pris dans son ensemble, a beaucoup de dons : il est sobre, économe, intelligent, avisé, d'une grande souplesse et s'assimilant toutes choses avec une remarquable facilité. Ces qualités portaient leurs fruits, et pour peu qu'on ne le dépouillât pas pendant quelque temps, l'israélite devenait riche, et souvent faisait alors un étalage imprudent de son luxe. De là des convoitises et une nouvelle source d'antipathies. Telle nous semble être la genèse du mouvement anti-juif dont il vient d'être parlé.

Après un très long exposé et qui paraît complet, l'auteur du livre détaille certains procédés ingénieux des juifs pour dépouiller progressivement les victimes choisies ; ils prêtent toujours pour peu de temps afin de renouveler les contrats avec des conditions de plus en plus léonines, s'informant exactement pour chaque opération du degré de crédit que présente encore le sujet. Puis il passe à la statistique.

D'après lui, en 1784, il y avait en Alsace, dans 186 localités 3940 familles juives représentant une population de 19.624 habitants. Winzenheim arrive en tête avec plus de quatre cents israélites. Dans les villes, ils n'étaient que difficilement tolérés. Ainsi à Strasbourg il n'y en a que quatre familles ; à Thann, comme à Guebwiller, sept. Mulhouse en abrite vingt-trois. Mutzig cinquante-quatre, Haguenau, plus encore.

Ces familles en général sont nombreuses, les juifs ayant l'habitude de marier de bonne heure leurs enfants (¹).

(1) Voici encore quelques extraits de lettres se rapportant à la persécution des juifs :

D'Altkirch, le Baron de Kloeckler écrit au Comte du Lau le 30 Juillet : « Une troupe d'une soixantaine de paysans était venue au village de Steinbronn, à deux lieues d'Altkirch, avait tout pris aux juifs et maltraité M. le baron de Reinach, maréchal de Camp et colonel du régiment suisse de son nom. De là, ils sont allés à Zilisheim, où ils ont également très maltraité les juifs ».

De Huningue, Castéja écrit au Comte du Lau en date du 9 Août : « J'ai tâché aussi de faire restituer aux malheureux juifs. Mes moyens ont procuré quelques restitutions ». Le lendemain il écrit encore : « On a lu une prétendue ordonnance qui permet de molester les juifs et les seigneurs ».

Revenons à la lettre dont nous avons déjà transcrit la plus grande partie :

Les magistrats, dit Boutet, la municipalité, le bailly et les notables de la ville sont dans ce moment chez moi, à me requérir de leur laisser des forces suffisantes pour assurer leur tranquillité.

Assurément voilà un tableau d'anarchie et de révolte bien complet ! Qu'il s'agisse de l'autorité des magistrats ou de celle des gens d'église, des impôts dûs au seigneur, on n'en veut plus !

Les juifs passent pour riches, on les enveloppe dans la même haine que celle qui entoure les châtelains. Cette populace ignorante veut tout détruire. Disons pour l'excuser qu'elle était malheureuse.

L'officier Boutet termine sa lettre de la façon suivante :

Je leur ai répondu, (aux notables de la ville), que j'allais avoir l'honneur de vous écrire sur le champ pour prendre vos ordres et instructions et ils vont vous expédier ma lettre par un courrier qui a ordre de me rapporter votre réponse, que je demande prompte.

J'ai pris, en partant d'Huningue, trois mille cartouches, je pourrai en laisser au détachement une assez grande quantité.

Boutet.

On signale des troubles en dehors du Sundgau. A St-Amarin, à Ensisheim, à Guebwiller par exemple. Saverne, Bouxwiller et Andlau sont aussi dans le même cas, on y procède à l'arrestation de nombreux brigands. La lettre suivante peut nous renseigner à cet égard.

LE COMTE DE ROCHAMBEAU, LIEUTENANT DES ARMÉES DU ROI, COMMANDANT LA PROVINCE D'ALSACE, AU COMTE DU LAU.

Strasbourg, le 28 Juillet 1789.

Je suis fort aise, mon cher comte, que la tranquillité soit

rétablie aux environs de Belfort comme il le paraît par votre lettre du 26 au soir.

Le passage de M. Necker doit calmer toute la route de Vesoul par où il a passé, il faut l'espérer du moins. Tous les brigands de cette route se sont jetés du côté de Remiremont et des terres de l'abbaye de Murbach ; on pille à St-Amarin et à Guebwiller, qui est le chef-lieu de cette abbaye.

Je viens de donner l'ordre à Weitinghoff de partir de Schlestadt avec deux escadrons, pour aller à Brisach, où il y a aussi beaucoup de tumulte, et de là à Guebwiller et St-Amarin. Voyez à veiller de votre côté sur ce qui se passera entre vous et Cernay et, quand vous enverrez des détachements, mettez-y toujours quelqu'un qui sache la langue, soit dans les officiers de votre garnison, soit dans les officiers retirés, soit encore mieux dans les membres des bureaux intermédiaires, pour qu'il puisse haranguer le peuple, lui parler raison et les engager, pour le jugement de leurs différends, à attendre les résultats de l'Assemblée nationale et à porter leurs plaintes en attendant à la commission intermédiaire qui est à Strasbourg, Je viens d'envoyer un détachement de Neuf Brisach à Ensisheim aux ordres de M. Hugo, major à Neuf Brisach, pour tâcher de calmer une insurrection qui s'y est élevée. S'il se passe aussi quelque chose du côté de Masevaux ou Masmünster, veillez-y également, ainsi que dans la partie d'Altkirch. M. de Bussevent me mande qu'il veillera sur le bailliage de Landser et sur celui de Ferrette.

Le Comte de Rochambeau (¹).

(1) Rochambeau (J. B. D. de Vimeur, Comte de) Maréchal de France (1725-1807). Il fit les campagnes de Bohême, de Bavière et du Rhin. En 1780 il partit pour soutenir les Américains dans leur guerre d'indépendance. Quand il rentra en France, Louis XVI lui donna le cordon bleu. Il siégea dans l'Assemblée des notables (1788), adhéra à la Révolution et commanda l'armée du Nord (1790). Il fut créé maréchal de France le 28 décembre 1791. Pendant la Terreur il fut arrêté, enfermé à la Conciergerie et libéré au 9 Thermidor. Il a laissé des Mémoires publiés par Luce de Lancival.

Belfort, à ce moment là — est-ce à la présence des troupes qu'il le doit ? — fait l'effet d'un véritable oasis ; c'est un autre esprit qui y règne, les brigands n'y ont point de complices. Pour rendre le fait sensible, donnons par anticipation un extrait du *Journal du comte du Lau*, qui plus loin sera reproduit intégralement. C'est du passage de Necker à Belfort qu'il sera ici question. Venant de Bâle, cet homme d'Etat allait à Versailles reprendre ses fonctions de ministre. L'évènement était jugé considérable.

M. du Lau dit donc :

« L'arrivée de M. Necker a été annoncée pour les cinq heures du soir ; pour éviter de nouveaux troubles, j'ai fait défendre aux villages voisins de se rendre dans la ville en leur observant que s'ils voulaient témoigner leur joye à ce ministre, ils pouvaient se porter en avant de leurs villages sur la route, ou en avant du faubourg.

« M. Necker est arrivé à une heure et demie ou deux heures, il a traversé la ville à pied avec Mme Necker et Mme de Stael, escorté par les compagnies bourgeoises à pied et celles à cheval qui avaient été au-devant de lui. J'ai fait prendre les armes aux troupes pour maintenir le bon ordre. Il est resté un quart d'heure à l'hôtel-de-ville et a été voir Madame la duchesse de Wirtemberg-Montbéliard, qui s'est réfugiée dans cette ville, dans la crainte que les châteaux fussent pillés.

« Il est reparti tout de suite ».

Necker est acclamé comme un sauveur, il en faut toujours pour les foules.

Retournons maintenant dans cette contrée, alors troublée, du Sundgau, et écoutons le Baron de Klœckler :

LE BARON DE KLŒCKLER AU COMTE DU LAU.

Altkirch, le 31 Juillet 1789.

Le détachement des chasseurs d'Alsace est arrivé hier soir à neuf heures, Monsieur, j'ai été fort aise de ce petit renfort qui a un peu changé les têtes de nos bourgeois, parce que, dans la journée d'hier, ils m'ont fait dire qu'ils espéraient que je ferais retourner les chasseurs de la Marine à leur corps ; je leur ai demandé une réquisition en règle, signée d'eux, que pour lors, je verrais le parti que j'aurais à prendre.

Pendant qu'ils étaient assemblés, arriva l'ordre de renvoyer ici le détachement des chasseurs d'Alsace ; cela les a fait changer de sentiments et il n'y a que les malintentionnés qui ont désiré le départ des troupes.

Les horreurs continuent dans le voisinage, ils ont pillé hier le château d'Hirtzbach (¹) et après minuit ils ont attaqué celui de Carspach (²) tout près d'ici : tous demandaient du secours, et enfin, au jour, j'ai fait partir douze chasseurs à cheval et vingt chasseurs à pied, pour aller dissiper les voleurs, en engageant les bourgeois à se joindre à la troupe. Quantité ont marché, d'autres les ont suivis, les voilà engagés à se défendre, puisque les bourgeois eux-mêmes ont arrêté et mené ici beaucoup de prisonniers !

J'en ai ri ; ils étaient assez hardis pour dire aux bourgeois qu'ils ne seraient pas une heure en prison, puisque tout le voisinage viendrait à leur secours. Voilà les bourgeois de nouveau intimidés ! Je vous prie, Monsieur le comte, de me donner vos ordres par le courrier que je vous envoie, sur ce que j'ai à faire avec ces vingt-et-un prisonniers, qui me gênent infiniment. S'il est possible, faites-moi passer quelques troupes encore, en me disant positivement quelle est l'intention de M. le comte de

---

(1) *Hirtzbach.* Schœpflin dit qu'il est déjà question avant 1500 de ce château encore aujourd'hui habité par la famille de Reinach, auquel il est advenu par mariage. Il est situé à une demi-lieue d'Altkirch et a été reconstruit par Frédéric-Joseph de Reinach, chevalier de St-Louis. Jean-Conrad II de Reinach-Hirtzbach, dont les numismates recherchent les monnaies, fut prince-évêque de Bâle de 1705 à 1737.

(2) *Carspach* ou *Karspach*, d'après Schœpflin, possédait deux châteaux, *das Ober Schloss* ou *der Freyhof*, aujourd'hui détruit, et l'autre, *das Unter Schloss*, actuellement simple maison de paysans. C'était deux fiefs appartenant aux nobles de Ferrette.

Rochambeau et la vôtre lorsque la troupe marche contre eux, s'il ne serait pas bien fait de fondre dessus et de les sabrer.....

Le Baron de Kloeckler.

Le comte de Rochambeau, gouverneur d'Alsace, dans une lettre du 29 Juillet 1789 qualifie le baron de Kloeckler de « vieux maréchal de camp, estimé et honoré dans le pays ».

Cette affaire des prisonniers d'Altkirch, de leur garde qui immobilise des forces, de leur mise en jugement, de leur transfert, soit à Huningue soit à Belfort, et finalement de l'exécution de plusieurs d'entre eux sur les lieux mêmes de leurs forfaits, donnera lieu à une correspondance volumineuse. Au moment de leur capture, ils étaient persuadés qu'ils seraient bientôt délivrés par leurs semblables.

LE COMTE DU LAU AU BARON DE KLOECKLER.

Belfort, le 1er Août, à 9 h. du soir.

Je suis inquiet, Monsieur le Baron, de n'avoir point eu de vos nouvelles aujourd'hui, j'ai cependant répondu tout de suite à la lettre que vous m'aviez fait l'honneur de m'écrire hier matin et j'ai su hier au soir qu'il y avait eu une nouvelle affaire dans les environs d'Altkirch, dans laquelle il y avait eu plusieurs brigands de tués et faits prisonniers. J'aurais été bien aise de savoir quelques détails par vous même, au surplus je suis très tranquille sur vos opérations, la besogne ne pouvant être en meilleures mains.

J'ai fait partir ce matin deux détachements assez forts, l'un pour Masevaux, l'autre pour Delle, et j'en envoie un, demain matin, de quinze hommes d'infanterie, chez M. le Commandeur de Waldner ([1]), qui me mande que vous ne pouvez lui être d'aucun secours.

---

[1] M. le commandeur de Waldner était le père de Mme d'Oberkirch et avait son château à Schweighausen.

J'imagine que vous aurez demain les ordres de M. le Comte de Rochambeau relativement à vos prisonniers, lui ayant marqué de vous les adresser directement. Il serait bon qu'on pût interroger les prisonniers, découvrir quels sont les meneurs qui les font agir, car le bruit général est qu'ils croient qu'il y a une ordonnance du Roi qui les autorise à commettre tous ces désordres.

La lettre suivante est encore relative à la même affaire, mais donne plus de détails.

Le baron de Kloeckler au comte du Lau.

Altkirch, le 2 Aoust 1789, à dix heures du soir.

J'ai eu l'honneur de vous mander, Monsieur le comte, dans ma dernière lettre, ce qui s'est passé le vendredi matin lorsque j'ai envoyé du secours au château de Carspach, que les brigands ont été assaillir après avoir pillé et saccagé le château d'Hirtzbach. J'ai envoyé un détachement de chasseurs à pied et à cheval pour les en chasser et cela dès la pointe du jour.

Quantité de bourgeois de la ville ont marché avec ce détachement, quelques bourgeois qui étaient armés ont tiré sur les brigands et je crois bien que les chasseurs ont tiré aussy, quoique je ne leur aie pas donné des ordres pour tirer qu'en cas de résistance ; quoi qu'il en soit, on m'a assuré qu'il y avait plusieurs des brigands de tués, cela les a un peu intimidés, puisqu'ils n'ont pas paru depuis.

Je vous ai en même temps informé qu'on avait fait vingt-et-un prisonniers ; ce sont les bourgeois d'ici qui en ont amené la plus grande partie, je vous ai prié par cette même lettre de me délivrer des prisonniers au plus tôt, je n'avais encore, dans le moment que je vous écrivais, que vingt-et-un. Ma lettre partait avant que le détache-

ment soit rentré, et je suis au Vendredi soir avec cinquante-
neuf prisonniers.

Je vous ai fait part dans cette lettre que les vingt-et-un
m'embarrassaient beaucoup. Je vous laisse à penser combien je puis l'être avec cinquante-neuf ! Je vous le réitère
encore, mon cher confrère, trouvez un moyen prompt
pour m'en débarrasser. Je ne puis les faire escorter par
ma troupe au cas qu'il faille les transporter, puisque je
m'affaiblirais trop et mettrais l'épouvante dans la bourgeoisie : puisqu'elle est menacée d'être brûlée, que l'endroit est ouvert, etc. Pourvu que j'en sois débarrassé
avant le Jeudi, jour de marché !

J'ai été obligé d'envoyer un détachement cet après
midy au village d'Hirsingue, village où le désordre a
commencé dans la nuit de mercredy au jeudi dernier,
pour tâcher d'arrêter quelques-uns des auteurs qui ont
brûlé la nuit dernière au dit village tous les papiers du
greffe de ce comté. Ce ne sont pas les brigands externes
qui ont brûlé, ce sont les paysans du lieu.

Je pense que ce détachement m'amènera encore des
prisonniers, conséquemment leur nombre augmente de
jour en jour. Je le regrette, mon cher confrère ; pourvu
que M. le comte de Rochambeau ou vous, Monsieur, me
délivriez des prisonniers, sans cela je ne pourrai faire
que très peu de bien avec mes troupes, puisqu'il me faut
un grand nombre de soldats pour les garder et empêcher
toute entreprise que pourraient faire les brigands pour les
délivrer des mauvaises prisons de cette petite ville.

J'attendais le retour du détachement d'Hirsingue avant
de fermer ma lettre, pour vous informer de ce qui s'y
sera passé.

Le détachement est rentré d'Hirsingue et a amené trois
prisonniers. Pourvu, mon cher confrère, que j'aye des
ordres de M. le comte de Rochambeau bientôt ! Vous me
le faites espérer, conséquemment j'y compte.

J'ai l'honneur d'être votre serviteur,

Kloeckler.

Dans la même journée, — il était 2 heures du matin, — M. de Kloeckler, de plus en plus préoccupé, écrit encore au sujet des prisonniers : « Ne pourrait-on pas les faire conduire au plus tôt à Belfort, Huningue ou Colmar? Et cela par un détachement qui viendrait les prendre ici ou par quelque brigade de la maréchaussée? Il est urgent de prendre un parti ; nous avons marché tous les jeudis, il viendra, à coup sûr, quantité de paysans ; je ne puis interrompre le marché sans préjudice pour notre subsistance. Il faut observer que parmi les prisonniers il y en a de plus coupables les uns que les autres, mais tous ont été pris dans les châteaux pillés ou aux environs, chargés d'effets. Les chasseurs et bourgeois ont amené avant-hier un chariot attelé de bœufs et une charrette attelée de chevaux, chargés de vin, que ces misérables voleurs avaient pris au château d'Hirtzbach ; les conducteurs se sont sauvés à l'approche des troupes et bourgeois d'icy.

« Il ne s'est rien passé hier, ni dans la nuit de vendredi dans mes environs. Tout est absolument fracassé dans les châteaux d'Hirsingue (¹) et d'Hirzbach ; celui de Carspach est moins maltraité parceque j'ai eu le temps d'envoyer à leur secours les paysans de ce dernier village... »

Dans la prochaine lettre, il sera encore question des prisonniers.

LE COMTE DE ROCHAMBEAU AU COMTE DU LAU,

Strasbourg, le 3 Août 1789.

Je reçois en même temps, mon cher comte, vos lettres

---

(1) Le château d'Hirsingen est le troisième de la région du Sundgau que nos correspondances nous signalent comme ayant été pillé. Il est détruit aujourd'hui. C'est là que naquit Simon-Nicolas-Eusèbe, comte de Montjoie, qui fut nommé prince-évêque de Bâle en 1762, et qui est mort en 1775.

Jean-Népom-Franç.-Xav. Fortunat de Montjoie, mort à Bâle en 1791, émigra en 1789, après avoir été député de la province d'Alsace en 1787. Sa famille, qui porte le nom de Frohberg, traduction de Montjoie, est fixée en Allemagne.

du 31 juillet et du 2 août, vous avez d'autant mieux fait de demander à Altkirch de conduire les prisonniers à Huningue, que nous allons établir deux tribunaux, l'un à Schlestadt et l'autre à Huningue, en vertu de l'arrêt de compétence que le Conseil souverain a donné à la maréchaussée et que nous n'avons que deux juges de la maréchaussée à Colmar, savoir le lieutenant, qui ira à Schlestadt, et l'assesseur, qui ira à Huningue, pour faire et parfaire le procès, assistés des juges des lieux.

Je joins ici un décret de l'Assemblée Nationale que la Commission intermédiaire a fait publier et une ordonnance que j'ai rendue, dont je vous prie de donner connaissance et de faire afficher partout et d'en maintenir l'exécution, avec la fermeté dont vous êtes capable. Il faut espérer qu'on découvrira les moteurs exécrables de ces forfaits.

Je ne puis pas vous envoyer d'officiers de la maréchaussée de Strasbourg, parce qu'ils sont occupés à instruire des procès à Saverne, Bouxwiller et Andlau.

Tous nos brigands ayant arboré des cocardes de toute couleur, je ne pense pas qu'il y ait d'honnêtes gens qui veuillent porter la même enseigne. Je vous prie d'engager votre bourgeoisie à reprendre la cocarde blanche, qui est également la cocarde du Roy et de la nation, qui, aujourd'hui, ne font qu'un. Nous n'en portons pas d'autre à Strasbourg et dans toute la Basse-Alsace.

Le comte de Rochambeau.

Cette question de la cocarde tracasse Rochambeau. Ayant reçu sans doute des ordres de Paris, le 15 Août, il donne des instructions différentes et en autorise le port :

« Les particuliers qui souillaient par des excès punissables les couleurs adoptées par la nation, étant rentrés dans le devoir et l'ordre que tout honnête citoyen doit chérir, il sera libre à l'avenir à toute personne de porter la cocarde nationale. Elle deviendra l'affiche de l'amour si justement mérité par notre auguste monarque, de l'attachement à la chose publique, le gage du respect aux lois, du dévouement à la défense de la tranquillité et du bonheur de tous les Français. Elle sera pour les militaires un nouveau serment de remplir avec générosité et fidélité les obligations attachées à cet état distingué ».

Rochambeau pourtant n'est pas enthousiaste de son ordre du jour, car en l'envoyant, trois jours après, au baron de Falkenheyn à Schlestadt, il ajoute :

« Il ne faut pas le faire imprimer parce qu'il est inutile d'engager les paysans et campagnes à des dépenses et à des folies. Les têtes sont déjà assez exaltées pour qu'on évite tout ce qui pourrait les troubler. Il faut toujours les maintenir dans l'ordre public ».

Le 20 Août il précise la largeur respective des couleurs de la cocarde et cherche à limiter la dépense. « C'est tout simplement une petite rosette rouge et bleue, qui coûte un ou deux sols, qu'on applique sur la cocarde blanche, qui doit toujours être la couleur prédominante ». Dans une lettre au comte du Lau, « qu'il embrasse de tout son cœur », Rochambeau va même jusqu'à regretter son autorisation. C'était entrer dans les vues de du Lau, qui personnellement était partisan de la cocarde blanche. Il la regardait comme seule nationale. A Belfort, ses troupes en étaient parées et il espérait voir bientôt tous les bourgeois l'adopter.

En conséquence il néglige d'informer les troupes stationnées à Altkirch de l'autorisation donnée. Mais, comme tout arrive à se savoir, des soldats ayant été envoyés, comme d'habitude, au pain à Belfort, rapportent la nouvelle.

Aussitôt grande agitation à Altkirch. Tout Bourgogne se pare de la cocarde, les dragons, — leur uniforme ne s'y prêtant pas —, la veulent, mais ne savent où la placer, et chez les chasseurs, l'élan est si général, qu'on menace de faire sauter à la couverte un bas officier qui ne s'en est pas paré.

A Belfort, c'est la cocarde blanche que portent les compagnies bourgeoises. La bourgeoisie a prié M. le comte de Gestas, colonel de ce régiment, d'en accepter le commandement. Il y a un tel accord entre les habitants et l'armée, qu'on s'est ému à l'idée que le régiment de la Marine allait les quitter ; ils voulaient par force s'opposer à ce départ. Du Lau en témoigne : c'est un tout à fait bon esprit qui règne dans la ville. Mais en chef prudent, il craint par dessus tout l'agitation ; c'est pourquoi il demande qu'on ne dirige pas sur lui les prisonniers d'Altkirch.

(1) Il s'agit de la cocarde tricolore.

A Besançon la cocarde est aussi un sujet d'agitation, le marquis de Langeron harangue le peuple. « Les jeunes gens, dit-il, avaient des cocardes et des chapeaux rabattus. Ils annonçaient que pendant la nuit ils détruiraient tous les membres du Parlement ». Le chapeau rabattu signifie, par opposition au tricorne, un chapeau tel que nous le portons aujourd'hui.

Le comte de Rochambeau, en bon chef, a l'œil ouvert sur la province entière. Le 18 Août, il écrit de Strasbourg au comte du Lau, qu'il n'est pas partisan qu'on donne, même de vieux fusils, aux bourgeois des différentes localités qui en demandent, c'est inutile; il dit à ce propos : « Giromagny est à votre porte et vous pouvez le secourir s'il est attaqué par les brigands. A Thann, vous avez de la troupe, c'est le poste le plus important contre la foule des brigands qui a débouché de la vallée de St-Amarin. Vous avez aussi des postes à Cernay, Soultz et Rouffach ; j'ai réglé provisoirement avec la Commission intermédiaire, que dans les lieux où les troupes n'auraient pas de douceurs. soit des abbayes, soit des châteaux, on donnerait à chaque soldat sur la masse générale, quatre sols par homme et six sols par bas officier de supplément de solde pendant le cours de leur détachement ».

Nous touchons à l'épilogue de l'affaire des prisonniers.

LE BARON DE KLOECKLER AU COMTE DE ROCHAMBEAU.

Altkirch, le 13 Août 1789, à midi.

J'ai l'honneur de vous informer, mon cher confrère, que le jugement vient d'être rendu contre quatre des criminels qui étaient détenus dans les prisons de cette ville. Deux ont été condamnés à être pendus, un aux galères et le quatrième à six mois de prison.

L'exécution se fera aujourd'hui au village de Carspach, qui n'est qu'à une demi-lieue de cette ville; il faut espérer que cet exemple empêchera de nouveaux brigandages et fera rentrer dans le devoir tous ceux qui avaient pris part à ce désordre.

Dans une lettre de l'époque on lit que ce jour-là, la chaleur était excessive et le concours de paysans prodigieux. Tout fut calme, mais la cérémonie fut longue, attendu que beaucoup voulaient empêcher les charpentiers de dresser la potence.

Le souvenir de cet événement n'est pas entièrement effacé à Carspach, et aujourd'hui encore on vous montrera l'emplacement du supplice, tant avait été grande sur les gens de la contrée l'impression qu'ils ont transmise à leurs descendants. Huit jours après eut lieu le jugement des pillards du château à Hirsingue. L'un fut condamné à être pendu, un aux galères perpétuelles, un troisième à quinze ans et deux autres à trois ans de la même peine. La potence fut dressée sur les lieux le 20 août, et les galériens furent dirigés sur Belfort.

Cependant, toute cette affaire des troubles n'était pas liquidée, car dans une lettre du 31 août, de Kloeckler annonce qu'on a relâché vingt et quelques prisonniers, mais qu'il en reste encore trente-neuf à juger.

CHAPITRE IV

L'agitation persiste. — Plaintes du prince de Montbéliard à ce sujet.

Finissez sans compliments, avait écrit de Strasbourg au comte du Lau le comte de Rochambeau, c'est beaucoup plus court dans une correspondance aussi serrée.

Après avoir entendu donc au chapitre précédent les militaires s'exprimer avec une rude franchise, donnons maintenant la parole principalement à des civils, ceux-ci plus prolixes et dont nous aurons parfois à résumer les lettres. D'Alsace, revenons au pays de Montbéliard et arrêtons-nous dans la jolie localité dont le vieux et fier château à l'extrémité d'un promontoire, termine le riant et vert vallon de Glay, à Blamont en un mot.

En date du 26 Juillet 1789, Frédéric-Eugène, qui au début des troubles, après s'être adressé sans résultats à Bâle, avait reçu en réponse à sa requête, de Leurs Excellences de Berne, six cents fusils tout neufs, munis de leurs baïonnettes et accompagnés de munitions, s'adresse à M. de Thurey, commandant de la forteresse de Blamont et lui demande s'il ne pourrait pas, lui aussi, lui prêter des armes pour sa défense (1).

(1) Bien que ce soit quelque peu en dehors du sujet traité, profitons de notre visite à Blamont pour parler du seul homme marquant — si on en excepte le ministre François Viette, qui manifesta le désir d'y reposer, — qu'ait produit cette localité. Il s'agit de Charles-François-Philibert Masson, né en 1761, poète, historien et militaire, dont la carrière presque entière s'écoula en Russie. A la mort de la grande Catherine, Paul Ier, qui ne l'aimait pas, l'exila.

Masson, comtemporain des événements que nous retraçons, était membre correspondant de l'Institut de France. Il est l'auteur de la charmante bluette *La Nouvelle Astrée*, dont le cadre est Blamont et qui fit les délices de nos feues grand-mères. Mais aujourd'hui, on en juge autrement, le style de Masson est vieillot. On le trouve même grotesque. Le lecteur jugera, par l'échantillon suivant, de sa prose. Il s'agit d'un jeune et beau châtelain et de la bergère

A cette lettre, M. de Thurey répond que n'ayant que le strict nécessaire pour la défense de la place, il ne lui est pas possible de se rendre au désir du prince, car les armes dont il disposerait encore sont si défectueuses, qu'elles seraient plus dangereuses pour ceux qui s'en serviraient que pour ceux contre lesquels elles seraient dirigées, et il ajoute : « On dit que M. Necre (Necker) a enfin passé pour se rendre à Versailles, je le

Amène, nom qui dérive sans doute d'aménité. « O mon amie, répondait le châtelain, aussi longtemps que le Val de Glay produira les mêmes fleurs, je l'aimerai du même amour. Chaque printemps me reverra sous l'aubier fleuri t'en renouveler le serment. C'est ainsi qu'il promettait à sa bergère un sort aussi doux que ses charmes et des plaisirs aussi purs que son cœur ».

Voici de quelle façon Masson s'y prend pour esquisser le portrait de la bergère, qu'il compare à une fleur.

« Celle ci était comme la jeune anémone consumée par l'air ardent du printemps, demandant en languissant la douce pluie qui doit la ranimer. Cependant, à l'approche du nuage bienfaisant, elle frémit, ferme son sein délicat et se cache sous les herbes ».

L'attitude languissante suffit à constituer le portrait. On voit qu'avec Masson on se trouve à cent lieues, (en diligence), du naturalisme. Cependant il ne manquait pas de vigueur. En veut-on une preuve ? — La *Nouvelle Astrée* n'avait été pour lui qu'un délassement. Au moment même où il l'écrivait, Masson travaillait au poème *Les Helvétiens*. Cette pièce, qui n'a pas moins de six mille vers divisés en huit chants accompagnés de notes historiques, est animée du souffle républicain de l'époque.

L'ouvrage a été imprimé à Paris en l'an VIII et dédié,

Au héros Bonaparte, au poète Lebrun.

En voici un fragment. La scène se passe au bord du lac de Morat, les armées ennemies sont aux prises, la lutte est acharnée. Voyez, lorsqu'il enfourche Pégase, comment Masson change de ton :

> *Mais déjà Charles arrive, écumant de fureur.*
> *A l'abri de l'airain, il arrête, il rassemble*
> *Ses nombreux bataillons qu'a rompus la terreur.*
> *Là le vaincu plus fier, tonne sur le vainqueur*
> *Et le brave et l'insulte et lui renvoie ensemble,*
> *Le Désordre et la Fuite et la Mort et la Peur.*
> *Ainsi se prolongeait cette affreuse bataille.*
> *Dans le lac agité, déjà chaque torrent*
> *N'apportait en tribut que des vagues de sang.*

Peut-être cette façon de dire reviendra-t-elle à la mode un jour ? mais en tout cas nous en sommes loin ! — Le courage déployé par Charles le Téméraire ne l'empêcha pas d'être, dans la plaine de Morat comme à Grandson et plus tard à Nancy, battu à plate couture, fait heureux pour la civilisation.

désire, il hâtera peut-être le retour de la paix et de la tranquillité ».

Le prince à son tour mande qu'effectivement Necker a passé par Belfort où la princesse, sa très chère épouse, lui a parlé quelques moments.

Nous voyons par une nouvelle missive de M. de Thurey du 28, que les officiers municipaux de Blamont lui ont demandé la permission d'établir dans la ville un corps-de-garde bourgeois. « Je n'ai pas cru devoir m'y opposer — dit-il — mais j'ai pris toutes les précautions possibles pour qu'il n'en résulte pas d'inconvénients ». Il a fourni en effet, assure-t-il, à ceux qui montent la garde et font patrouille d'assez mauvais fusils, et pour les patrouilles extérieures, il les encadre de deux soldats du château (¹). Il a aussi engagé les villages voisins à faire des patrouilles, il leur a même fourni quelques *hallebardes* à cet effet. « Ce que je vois de meilleur dans le tout, c'est que cela occupe les bourgeois, et le soin de veiller à leur sûreté les empêche de penser à la chasse ou autres choses encore plus préjudiciables aux intérêts généraux et à l'ordre public ». M. de Thurey connaît son monde et a là de bien sages pensées qui font honneur à son jugement.

Le 29 Juillet le prince remercie M. de Thurey pour ses sages arrangements et lui recommande de le tenir au courant.

En dehors de la noblesse française, ce sont les princes étrangers, et parmi eux le prince de Montbéliard, qui sont le plus touchés. L'agitation passe même les frontières.

Voici les doléances du prince évêque de Bâle, souverain d'un petit Etat voisin, dont Porrentruy est devenu la capitale, depuis que Bâle, ayant passé à la Réforme, a secoué le joug de l'évêque. Son inquiétude est grande.

(1) Le château de Blamont, démantelé depuis fort longtemps, fut vendu par l'Etat le 4 Novembre 1849 à cinq propriétaires de Blamont qui, le démolissant en partie, ainsi que ses casemates voutées, s'en servirent comme d'une véritable carrière de pierres de taille qui, à Blamont et aux environs, furent utilisées pour l'édification de nouveaux et solides bâtiments.

Ce qui subsistait encore en 1855, fut revendu par les acquéreurs à un prête nom, agissant pour le compte de Mgr l'archevêque de Besançon, et on y installa les Religieuses de la Retraite.

Cet établissement fut fermé lors de la dissolution des congrégations.

Il n'est pas hors de propos, avant de reproduire cette lettre, d'entrer dans quelques détails se rapportant au prince-évêque de Bâle et au pays limitrophe du centre de nos observations, que, de sa capitale de Porrentruy, ce souverain gouvernait. Cet État avait pour frontières l'Allemagne, dont il relevait, l'Alsace, le pays de Montbéliard, la Franche-Comté et la Suisse. Dans cet évêché, on parlait plusieurs langues, et on professait plusieurs religions. Le souverain nommait les pasteurs dans les centres réformés tels que Moutier, Bienne, Neuveville, le Val de St Imier.

Chaque ville jouissait au moins théoriquement, de privilèges particuliers. Dans les campagnes, principalement dans l'Ajoie, les évêques maintenaient difficilement la paix. Celle-ci fut profondément troublée, principalement de 1730 à 1740. C'est le cas de prononcer ici le nom de Pierre Péquignat, paysan de Courgenay, près de Porrentruy, qui tout en manifestant de fervents sentiments religieux, détestait le bras séculier, trop rapproché à son gré, de son évêque, et qui pendant près de dix ans tint son autorité en échec. Pour les uns Péquignat est un grand coupable, un chef de révoltés. D'autres en font un martyr et un apôtre désintéressé de la liberté.

Le 25 Octobre 1739, âgé de 71 ans, après avoir subi une longue détention, ce vieillard, ne craignant pas d'assigner pour plus tard ses juges devant le tribunal de Dieu, fut condamné à mort. Toutefois la sentence rigoureuse qui le vouait au supplice ne fut pas exécutée dans toute son horreur. Ce n'est qu'après sa mort qu'il fut écartelé. Ses membres dispersés furent cloués à l'entrée des villages de Bure, de Chenevez, de Courgenay et d'Alle, pendant qu'au siège du gouvernement, sa tête restait piquée à un poteau. — Après cela le calme régna dans le pays. Avec l'appui des soldats du pieux roi Louis XV, on avait bien travaillé !

Joseph de Roggenbach, dont la lettre nous fournit l'occasion de cette digression, de 1782 à 1794, fut le dernier prince-évêque de Bâle. Son prédécesseur, Frédéric de Wangen, surnommé le beau prince, avait été au pouvoir de 1775 à 1782. En 1780, il avait conclu avec le roi de France un traité d'alliance très étroit auquel il est fait allusion dans la lettre du prince-évêque.

Dans son *Histoire des princes évêques de Bâle*, Mgr Vautrey dit, que Joseph de Roggenbach avait l'œil à tout. Il réduisit à dix-huit le nombre des fêtes obligatoires, ce dont on lui sut gré ; il interdit, par mesure sanitaire, les inhumations dans les églises, il régla le service des incendies dans la ville, interdit de donner à boire au cours des ventes publiques, régla la sortie des grains dans son évêché et s'occupa sérieusement de l'instruction primaire, au sujet de laquelle il publia une longue ordonnance. Il ouvrit à Delémont un asile pour les orphelins et règlementa les enrôlements pour le service étranger. Ceux-ci donnaient lieu à des abus, spécialement au sujet de l'âge des enrôlés.

Avec M. Quiquerez, l'historien de Porrentruy, auteur d'une infinité de travaux scientifiques, nous voyons le prince-évêque sous un jour quelque peu différent. D'après lui le prince de Roggenbach avait reçu une éducation assez négligée. « On le disait bon et juste, mais il était rancunier, faible et incapable de diriger les affaires politiques au moment où elles commençaient à s'embrouiller ». Puis au sujet de sa mort : « C'est à cette époque qu'on apprit la mort subite de l'ex-prince-évêque Joseph de Roggenbach, arrivée à Constance, laissant peu de regrets pour sa personne même. Il avait dû quitter Bienne le 3 Décembre 1793 et sa mort arriva le 8 Mars suivant. Il avait 68 ans et fut enterré comme un simple curé de village ».

Ce même auteur, au sujet de la chasse, entre dans de curieux détails : « Le prince régnant n'était pas chasseur, mais il tenait par entêtement à sa régale de la chasse. Le gibier causait de si grands ravages qu'on avait dû cesser de cultiver certains finages. On évaluait à plusieurs milliers d'arpents les terres cultivées qu'il avait fallu abandonner à cause du gibier. On avait augmenté le nombre des gardes-chasse au point d'en faire une milice redoutable et très onéreuse à la caisse de l'Etat. Les amendes pour délits de chasse étaient très élevées et ruinaient les familles ».

Lorsque le prince fut parti, en Avril 1792, et que les paysans purent se livrer à la chasse, les tanneurs seuls de Porrentruy, achetèrent plus de six cents peaux de gros gibier.

Joseph, évêque de Bâle, au comte du Lau.

Porrentruy, le 31 Juillet 1789.

Monsieur le comte,

Il y a quelque temps que je me trouve fort inquiété des

troubles qui m'environnent, d'abord du côté de la Franche-Comté, et surtout, depuis quelque temps, du côté de l'Alsace.

J'eusse été dans le cas, en vertu des traités qui subsistent entre la couronne de France et mon Evêché, de réclamer la protection du Roi, à l'effet de garantir mes Etats contre les menaces et même contre les violations de territoire que j'ai essuyées, mais j'ai préféré, à l'aide de mes fidèles sujets, d'écarter de mon mieux les maux qui me menacent.

Dans ce moment même je ne prétends pas vous importuner par des demandes indiscrètes. J'ose seulement vous prier, Monsieur le comte, de vouloir bien faire cesser, par le pouvoir que vous avez en main, les horreurs qui désolent les frontières de ma principauté, qui, indépendamment de l'alarme continuelle qu'elles occasionnent à mes sujets, sont l'exemple le plus dangereux pour eux.

Je n'ai d'autre titre à réclamer votre assistance et vos bontés à cet égard que ceux d'une alliance et d'un bon voisinage qui a existé constamment entre les deux Etats.

Je suis avec les sentimens de la considération et de l'attachement les plus distingués, Monsieur le comte, votre très humble et très obéissant serviteur.

Joseph, évêque de Bâle.
(Fonds du Lau).

Cet exemple effectivement était contagieux, et ses sujets, un moment contenus, ne tardèrent pas à s'insurger comme en d'autres temps, contre son gouvernement absolu.

Le comte du Lau ayant transmis à Strasbourg la demande du prince-évêque, le comte de Rochambeau gouverneur, après avoir pris ses instructions à Versailles, répond à Monseigneur dans des termes analogues à ceux dont il se servira dans sa lettre au prince de Montbéliard, relative aux mêmes sujets de plaintes, savoir : que le concours des troupes françaises leur est acquis, mais dans le cas de la plus absolue nécessité seulement.

La lettre de Necker au comte de Rochambeau relative à la demande du prince de Montbéliard se termine par le postscriptum suivant :

« Il n'y a aucun obstacle apporté au passage des troupes de Wurtemberg, je m'en suis entretenu avec le nouveau ministre de la guerre, M. de la Tour du Pin. M. du Lau a été adressé à V. A. pour lui faire des offres de service de la part de M. de Langeron. J'espère, Monseigneur, que vous serez bientôt rendu à la tranquillité et je le désire ardemment ».

Dans le cours de ce récit, il sera plusieurs fois question de ce passage. sur le territoire français, des troupes Wurtembergeoises devant venir protéger le comté de Montbéliard, ainsi que de la route qu'elles devront prendre pour y arriver. Le comte de la Tour du Pin, ministre, a correspondu avec le comte de Rochambeau à ce sujet, aussi tous les détails d'exécution sont réglés. Jusqu'à Huningue les troupes suivront la rive droite du Rhin. Mais le duc régnant, fort personnel, dont la tendresse pour son cher frère n'était pas sans bornes et qui semble se désintéresser singulièrement de cette question de Montbéliard, qui d'autre part ne se représentait pas volontiers ses soldats en quelque sorte prisonniers dans une enclave du territoire français, différa indéfiniment un ordre de départ pour Montbéliard, qu'on attendit toujours.

Le prince, inquiet à juste titre de ce qui se passe dans les contrées avoisinantes, se renseigne auprès de M. Maire, conseiller au Parlement de Besançon. M. Maire lui fait savoir que dans nulle des terres qu'il possède, il n'a éprouvé d'enlèvements, pas même des papiers de ses greffes, et que dans plusieurs, on lui a donné des marques de reconnaissance auxquelles il est sensible. Les seuls habitants de Rang lui ont fait essuyer des pertes par le refus de livrer le terrage et les quartes de foin qu'ils lui doivent, et par le parcours dans les regains des îles de sa rivière. Ils se livrent sans doute à la pêche. « Je m'attends qu'ils entraînent Anteuil par leur exemple ». Mais s'il n'est pas payé ou indemnisé par l'Etat des redevances qui lui sont dues, au mois de Novembre, ses pertes seront au moins de cinq mille livres.

La correspondance du prince avec M. de Rieger est très active au dit moment. Dans une lettre que Frédéric-Eugène adresse le 21 Août 1789 à son représentant, il lui mande que vu l'effervescence générale, les ravages exercés, tant à Granges qu'aux salines de Saulnot, n'ont pu encore être constatés par procès-verbaux, mais que pour ne pas manquer de sel on a dû faire les réparations les plus urgentes dans la seconde de ces localités. Les meubles et effets du directeur de la saline ont été pillés ou brûlés, tous ses papiers, relatifs aux différentes fonctions qu'il exerce, ont disparu. Comment pourrons-nous obtenir une réparation !

Si la justice est inactive par ce fait qu'elle est sans forces, que répondre aux justes doléances du prince ? La position est exactement celle-ci : Non seulement les paysans qui se sont livrés à des dégradations et démolitions dans la seigneurie de Granges, ne peuvent matériellement être poursuivis, mais encore ils se refusent au paiement de ce qu'ils doivent. La plupart des moissons ont été rentrées sans que les adjudicataires de ces droits aient pu prélever, en nature, ce qui leur est dû, ou contraindre les paysans à déclarer l'importance de leur récolte. C'est un mot d'ordre donné.

Disons qu'ayant à suffire à la fois aux impôts royaux et à ceux du comté, ces malheureux, depuis des années, fléchissaient sous le poids de ces diverses charges ; aussi s'appuyant sur la teneur des décrets, d'eux-mêmes, gratuitement, ils se libèrent.

De Stuttgard, le duc de Wurtemberg continue à adresser au gouvernement français ses protestations les plus vives. Il demande à être maintenu dans les droits qui lui ont été garantis par la convention de Versailles du 10 Mai 1748, ou à défaut, qu'on lui restitue en toute souveraineté les quatre terres adjointes en dédommagement des revenus qu'il ne peut plus percevoir dans les localités plus éloignées telles que Granges, Clerval, Passavant, Horbourg et Riquewihr en Alsace.

A quelle cause attribuer les troubles rapportés jusqu'ici ? Certainement en partie à cette mesure équitable, dont en France on ne pouvait retarder l'échéance, à l'abolition du régime féodal et à la mise en pratique des principes généraux qui sont l'essence de nos sociétés modernes : pour tous, droits égaux, les charges publiques étant supportées par chaque citoyen.

Mais le paysan, beaucoup plus chargé que les bourgeois des villes et jusque-là privé des avantages réservés aux seuls Nobles, à la Magistrature et à l'Eglise, qui se voit subitement délivré de lourdes entraves, ne sait plus où s'arrête son droit. Il se grise, se croit tout permis : le vol, le pillage, l'incendie, lorsqu'il s'agit des biens de ses précédents maîtres, lui semblent des opérations licites, aussi ne se fait-il pas faute d'y avoir recours. Ce qui précède est bien d'accord avec cette pensée d'un auteur moderne qui ne pèche pas par un excès de sévérité : « Il faut avoir été longtemps libre pour pouvoir devenir digne de l'être ».

D'autre part il est rare qu'un progrès se réalise sans entraîner des ruines.

Les princes en firent alors l'expérience ; celui de Montbéliard en particulier, car il tirait la majeure partie de ses revenus de Franche-Comté et d'Alsace. Dans cette dernière province, son cas était loin d'être isolé. Dans une position analogue se trouvaient : le prince de Loewenstein, le prince-électeur de Mayence, le prince de Nassau, le landgrave de Hesse-Darmstadt, le prince de Linange, le prince de Hohenlohe-Waldenbourg, le prince de Deux-Ponts, le prince-évêque de Spire, le prince-évêque de Liège et celui de Trèves, le chapitre de Strasbourg. L'Alsace formait alors un véritable échiquier.

Cette question des princes possessionnés en Alsace a été traitée à fond par M. Albert Sorel dans son beau livre : *L'Europe et la Révolution Française*. Il dit : « En soumettant l'Alsace à la loi uniforme de l'Etat, les constituants complétaient et menaient à son terme l'œuvre d'assimilation poursuivie depuis un siècle et demi par la monarchie. Ils estimaient user d'un droit absolu puisqu'ils légiféraient à l'intérieur de la France ; ils ne pensaient point d'ailleurs, en étendant de la sorte le haut domaine de l'Etat, sortir de la coutume de l'Europe. Ils ne voyaient pas que le droit public de la France et la coutume de l'Europe reposant désormais sur des principes contradictoires devenaient incompatibles et inconciliables. » Parlant en droit deux langues différentes, on ne pouvait s'entendre.

« La Prusse et l'Autriche déclarèrent la guerre à la France par un manifeste signé par le duc de Brunschwick, en date du 25 Juillet 1792 ».

La raison apparente était celle dont nous parlons, défendre les droits des princes Allemands lésés en Alsace. Mais on disait

aussi dans ce document célèbre, ce qu'on avait en vue : étouffer
l'anarchie, rétablir le pouvoir légal, rendre au Roi les moyens
d'exercer l'autorité légitime qui lui appartient. Les habitants —,
disait-on aussi dans ce document souverainement impolitique
et peu mesuré —, qui oseraient se défendre, seront châtiés suivant la rigueur du droit de la guerre ; leurs maisons seront dé-
molies et brûlées. Les administrateurs répondront sur leur tête
et sur leurs biens de tous les délits et crimes. La ville de Paris
et tous ses habitants sont tenus de faire leur soumission au Roi,
sans distinction. Les révoltés subiront les derniers supplices.

Loin de produire ce qu'on en attendait, ce manifeste eut pour
résultat de grouper tous les Français et de les unir pour la défense du territoire national menacé.

En premier lieu il avait été question, à l'Assemblée Nationale,
d'indemniser dans une certaine mesure les souverains étrangers
dépossédés. Ceux-ci, à la Diète de Ratisbonne, discutèrent leurs
intérêts pour formuler à la suite en commun leurs réclamations. Bien disposé tout d'abord, le gouvernement estimait
qu'en raison de la situation topographique du Montbéliard ce
petit pays avait droit à des égards particuliers. De tous temps,
malgré son perpétuel souci de rester neutre, cette contrée s'était
trouvée victime des armées envahissant son sol.

Avec le Wurtemberg donc, les pourparlers étaient très avan-
cés et sur le point d'aboutir. Sous la cote Nº 1 de nos pièces
justificatives, on trouvera l'énoncé de ses réclamations. Le
montant de l'indemnité aurait été versé en assignats, façon
commode de se libérer. « Un million de plus ou de moins sur
la totalité, dit à l'Assemblée Nationale le rapporteur, ne doit
pas nous arrêter. Nous ne pouvons atteindre notre but qu'en
traitant le prince avec générosité ». C'est près de onze millions
que réclamait le Wurtemberg.

« Je dois faire observer, dit encore le rapporteur, bien renseigné, à ce qu'il paraît, que M. le duc de Wurtemberg aime beaucoup l'argent, qu'il en a grand besoin, qu'il n'a point d'enfants,
et qu'il est peu soucieux des intérêts de ses collatéraux. Ce
prince désire et espère un pot de vin, et on ne pourra guère se
refuser à lui en promettre un ». Puis il insinue qu'il y a deux
façons de s'y prendre. On pourra donner de la main à la main,
ou dans le traité public on ne portera pas toute la somme accordée. Il y avait deux comptes à faire, l'un en capital pour les

privilèges abolis, et l'autre, comprenant les intérêts pour non jouissance depuis le commencement des troubles.

Le Conseil de Montbéliard avait fait également un état des dédommagements à réclamer. La pièce en question porte dans nos annexes le N° 2.

Au point de vue de la tranquillité qui, d'une manière générale, laisse tant à désirer, c'est surtout dans les localités bordant les frontières du comté, que les choses sont dans l'état le plus déplorable. Non seulement, la perception des redevances y est impossible ; les officiers de justice sont empêchés par voies de fait de tenir leurs audiences, de prononcer des jugements, mais encore les sujets, se vengeant d'une contrainte passée, dévastent les forêts.

Le ministre de Wurtemberg à Paris toujours actif, en Février 1790, remet au gouvernement français deux mémoires de protestation contre l'application aux possessions du duc de Wurtemberg en France de la teneur des décrets, car, dit-il, cela est contraire aux droits reconnus par les traités et les conventions synallagmatiques. Il spécifie qu'il se commet, tant en Franche-Comté qu'en Alsace, dans les bois seigneuriaux du duc, des dégats énormes ; que les gardes, craignant les menaces des sujets égarés, qui se livrent aux plus affreux désordres, n'osent plus faire de rapports, ou lorsqu'ils en font, ceux-ci restent sans poursuites, car les gens de justice n'osent plus tenir d'audiences.

La forêt Hollard, finage d'Hérimoncourt, comme celle de Vandoncourt, sont dévastées. Les gens furieux de ces localités sont armés ; ils ont dernièrement blessé grièvement un particulier de Taillecourt faisant la garde.

Enfin le désordre, la confusion et le mépris des lois montent au comble dans plusieurs des seigneuries. C'est donc par un ordre très exprès de sa Cour, que le ministre de Wurtemberg supplie M. le comte de Montmorin de faire intervenir les prompts et efficaces secours de son ministère pour ramener le bon ordre, la tranquillité, et de réprimer la scélératesse des habitants, notamment ceux de Vandoncourt et d'Hérimoncourt, dont il vient d'être parlé.

Cependant on pourrait presque les prendre pour modèles si

on les compare aux habitants de la baronnie de Granges, dont
on va nous parler encore une fois.

Dans la lettre suivante, le prince se plaint autant d'eux que
de ses vassaux d'Alsace.

FRÉDÉRIC-EUGÈNE, A M. DE RIEGER A PARIS.

Du 5 Mars 1790.

Je ne puis me dispenser de vous informer que les habitants de Crevans, Sécenans, et de la Chapelle, village de la
baronnie de Granges, se sont joints à ceux de Granges-le-
Bourg, pour démolir, comme ils l'ont fait le 1ᵉʳ du courant, la partie orientale du bâtiment des Halles dudit
Granges, appartenant à la seigneurie (¹).

Non contents d'une voïe de fait aussi répréhensible,
ils travaillent à se partager entre eux les prés et champs
dépendant de l'ancien domaine de Granges, et selon
toute apparence, ils en dépouilleront par force les particuliers qui en jouissent par admodiation, ou peut-être
ceux-ci, qui participeront au partage, s'y prèteront sans
difficulté à cause de l'avantage qu'ils y trouveront. J'ai
appris d'ailleurs que le Sʳ Pilon père, ancien procureur fiscal
de Granges, aïant fait exhorter de son lit de maladie ces
mauvais sujets à s'abstenir de leurs entreprises, il n'a reçu
que des menaces pour réponse. L'impunité qui a suivi
jusqu'à présent la dévastation des salines de Saulnot et
tous les autres brigandages, ne peut qu'encourager à en
commettre de nouveaux. Ce n'est pas assez pour les sujets
de nos terres situées en France, de refuser le paiement
des droits seigneuriaux des dixmes et des admodiations
des fonds domaniaux, ils exercent encore leur caprice sur
les forêts et sur tout ce qui appartient à leur Seigneur.

Quelque peu de succez qu'aïent produit jusqu'à présent
les justes réclamations que vous avez été chargé de faire,
je pense néanmoins qu'il n'est pas possible de garder le

(1) Il doit s'agir là très certainement du local destiné à la réserre des
impôts payés en nature.

silence sur tout ce qui se passe, et qu'il est nécessaire d'en porter les plus vives plaintes.

Les vassaux en Alsace sont aussi intraitables que jamais. Ils ne veulent pas permettre que l'on procède, comme de coutume, à la vente publique et aux enchères des bois provenans des forêts seigneuriales. Ils obligent par menaces le Maître des Eaux et Forêts, à leur abandonner le bois, au prix qu'ils trouvent à propos de fixer.

Vous sentez, M., assurément combien je suis peiné de toutes ces circonstances et combien il est instant de renouveler vos démarches pour qu'il soit mis un frein à la méchanceté des sujets qui se permettront tout, aussi longtems qu'on ne sévira pas contre eux.

Il n'est pas possible que le gouvernement français ferme constamment les yeux sur tant d'actes de violence et qu'on tarde plus longtems à rendre à la justice toute son activité et son énergie.

Je suis avec une très parfaite considération, etc.

Fréd.-Eug. Duc de Wirtemberg.

Archives Nationales, K. 1818.

Quinze jours plus tard, le 24 Mars 1790, Frédéric-Eugène informe M. de Rieger que les communautés de la baronnie de Granges, allant de plus en plus de l'avant, ont fait des rôles pour les derniers mois de l'année écoulée, dans lesquels ils ont imposé leur seigneur pour tous les droits et revenus qui lui appartiennent. Le prince trouve ces procédés d'autant plus surprenants, que ces mêmes sujets se sont refusés d'acquitter les dits droits, tout comme aussi au paiement de l'amodiation des biens domaniaux.

Ainsi donc : imposition personnelle du seigneur, démolition par les paysans d'une partie des halles de Granges, pillage de la saline de Saulnot, exploitation abusive et déréglée des forêts, non-paiement du fermage des terres en location, tout cela forme un ensemble de sérieux griefs. « Aujourd'hui, — ajoute le prince, — poursuivant leurs entreprises, ils ont ruiné le four banal et en ont construit dans leurs maisons ».

Nous pourrions presque dire que c'était là un péché véniel, car le four banal était, dans l'ancien régime, une contrainte des plus odieuses et des moins justifiables. Les paysans de Saulnot ont résolu la question plus élégamment : « Ils se sont emparés du four et le font valoir à leur profit ».

« Je ne puis croire, conclut encore Frédéric-Eugène, que le gouvernement français puisse constamment fermer les yeux sur les actes de violence et d'usurpation qui se commettent impunément ». A vrai dire, le gouvernement était impuissant et ne pouvait rien réprimer. Cependant, en présence de tant de désordres, voyant que M. de Rieger, dont le zèle paraît indiscutable, reste impuissant, le prince impatient se demande d'où peut lui venir le secours. Il a une inspiration, celle d'envoyer à Paris un Montbéliardais en qui il avait toute confiance : Frédéric-Charles Bouthenot, le président de son conseil de régence.

Dans une lettre fort sensée, que quelques jours après son arrivée à Paris ce conseiller adresse au prince et qu'on trouvera parmi nos pièces justificatives, il dit : « A quoi peut servir un travail d'archives, si c'est le principe du droit seigneurial qui est mis en question ». — C'est en effet bien de cela qu'il s'agit !

— Autre sujet de plaintes : Les tribunaux particuliers des princes possessionnés en Alsace. — comme on pouvait s'y attendre depuis la nuit du 4 Août, et comme le constate, en le déplorant, le Sr Sandherr, agent que le prince entretenait à Colmar, — ont vécu. Il écrit donc, en date du 10 Octobre 1790 : « Depuis le 30, ainsi que vous en êtes déjà instruit, le scellé a été mis sur les salles, greffes et archives du tribunal ; il a été procédé à l'élection des juges qui, suivant le nouvel ordre de choses, doivent composer le tribunal du district de Colmar. Pour protester, il ne faut pas attendre l'établissement des juges de paix de cantons, mais se concerter avec M. Chauffour le jeune sur les termes et le mode de protestation à faire ».

Quelques semaines auparavant, Sandherr s'était fait l'écho d'une plainte générale : l'insubordination des sujets. Nous détachons de sa lettre du 10 Août, la phrase suivante :

« Lorsque vous serez instruit des outrages inouïs que le Sr Schmidt, maire de la ville de Riquewihr, s'est permis contre la propre personne sacrée de Votre Altesse Sérénissime, vous en serez étonné et courroucé au delà de l'expression ».

L'insubordination monte donc déjà d'un degré. Le prince avait répondu : « Quant aux outrages que le maire de Riquewihr doit s'être permis, vous prendrez la peine de m'articuler les faits par écrit, mon intention étant que vous ne vous absteniez pas dans les circonstances présentes ».

Passons à un petit fait. Il faut croire que Frédéric-Eugène, ayant vu sans résultats la mission de Bouthenot, énervé comme on peut le comprendre par sa situation délicate et la marche lente des négociations, s'était laissé allé à écrire d'une façon peu obligeante à M. de Rieger, diplomate qui paraît avoir à ce moment, déchu dans son esprit.

M. de Rieger se justifie et remet les choses au point : Les retards dont on souffre n'ont pas pour origine un manque de soins de sa part à exécuter les ordres du prince et à se conformer à ses désirs, mais sont uniquement le résultat naturel de circonstances spéciales dont il est hors de son pouvoir de modifier le cours. Les nouvelles qu'il donne au sujet des indemnités compensatrices sont mauvaises.

Revenons au pays de Montbéliard.

Pour l'intérêt que présente le Sr Pilon, directeur de la Saline de Saulnot, homme faux, craintif, habile à se faire valoir et qui s'est attiré la haine de ceux sur lesquels s'exerce son autorité, on pourrait ne plus s'occuper de lui, mais nous le trouvons encore forcément sur notre chemin à la lecture d'une lettre sans signature qu'il adresse au Conseil de Montbéliard pour lui raconter des faits intéressants.

Le 22 Août, à 10 heures du soir, il écrit, en confidence, que le même jour, requis par les autorités françaises, il a dû rassembler soixante hommes armés de la compagnie de Saulnot pour traquer des nobles qui se rendaient en Suisse avec or et argent. On en a arrêté quatre. Il a fait six heures à cheval sans interruption sur le territoire frontière, faisant embusquer, faisant barrer tous les passages, suivant le désir de la garde nationale et en établissant onze postes.

« J'ai appris qu'on avait arrêté dans les bois de Granges, un M. Miroudot, fils de celui dit de Geney, ex-garde du corps, qu'à Senargent on a arrêté les trois autres, qu'on leur a mis les poucettes et qu'on les a conduits à Lure ». Il ne sait ce qui en résultera. Autre nouvelle : on se propose de raser le château d'Athesans. Et Pilon termine sa lettre sous l'impression de la terreur : « Les têtes sont tellement échauffées que je ne sais que penser, ... peut-être cette nuit nous faudra-t-il voir des horreurs. L'on publie partout que S. A. S. est allée prendre le commandement de l'armée des nobles. Jugez de notre situation » (1).

Bien qu'alors il ne fût pas encore question de *sport*, on voit que le divertissement existe, on se passionne pour la chasse aux émigrés, témoin l'aventure du marquis de Sainte-Aulaire qui, l'année suivante, de Lure se rendait à Montbéliard avec une partie de sa famille, pour de là, gagner la Suisse, ne se sentant plus en sécurité sur le sol français. Il est arrêté en chemin, au village d'Etobon, souveraineté du prince, dont le territoire est violé. On verra dans nos pièces justificatives l'exposé que M. de Rieger fait à la cour de France de cette affaire.

----

(1) On sait que la noblesse française, réunie à Coblentz, s'occupait, à ce moment, de la formation d'une armée destinée à soutenir la cause des Bourbons.

CHAPITRE V

L'imposition du quart du revenu.

Déjà à la fin du XVIII° siècle, en France, on parla d'un impôt sur le revenu. Celui-ci devait être temporaire et nullement progresssif. Il s'agissait là d'une mesure extraordinaire dictée par des circonstances exceptionnelles. C'était accidentellement l'abandon de huit pour cent de son revenu pendant trois ans, qu'il fallait faire à la chose publique, à moins qu'on ne préférat s'exécuter en une seule fois.

Voici la genèse de ce mouvement.

Necker, arrivant au pouvoir pour la seconde fois, porté par l'opinion publique qui voyait en lui un sauveur, avait trouvé les finances de l'État dans le plus grand désarroi. Vainement, pour sortir d'une situation inextricable, avait il cherché à faire couvrir divers emprunts. Le moment, pour la réussite d'opérarations semblables, était aussi mal choisi que possible : gouvernement sans force et décrié, commerce inactif, insécurité complète, récoltes déficitaires.

L'étranger, auquel forcément il fallait recourir, de toutes façons se détournait de nous : il faisait rentrer ses capitaux et abandonnait notre sol. L'émigration des nobles était une autre cause de la raréfaction des espèces. Le manque de numéraire en France était tel, que le roi et la reine s'étaient trouvés contraints d'envoyer leur vaisselle à la Monnaie.

Une autre disette, autrement pressante et sérieuse, était celle des céréales. Pour éviter la famine, le Trésor public avait fait, à l'étranger, en épuisant successivement tous les marchés, des achats énormes de grains qu'on avait dû payer argent comptant, pour les revendre ensuite à perte au peuple. Necker nous apprend par le mémoire justificatif qu'il publia en 1791, qu'on avait eu à régler pour soixante dix millions de livres de blés, orges, farines et riz. « On peut aisément se former une idée de la prodigieuse étendue de crédit à laquelle on a dû avoir recours ». C'est grâce à la confiance qu'il inspirait, que l'opération fut possible. Mais il ajoute, lui, qu'on pouvait supposer moins naïf, « qu'il ne voit pas trace de reconnaissance ».

Ce fut dans ces circonstances que le nouveau ministre réclama au pays l'effort extraordinaire en question.

L'Assemblée Nationale sanctionna la mesure et, en tête de la liste, Necker s'inscrivit pour cent mille francs, somme considérable et bien supérieure à celle à laquelle il aurait pu être taxé.

Son exemple utile ne servit cependant pas à grand chose et les résultats furent maigres.

Bien que résidant hors de France, inopinément Frédéric-Eugène se trouvait touché de la façon la plus sensible. Il regimbait au paiement, prétendant que les seuls mots de *Contribution Patriotique* employés en tête du décret, mettaient les étrangers en dehors de la mesure. Les autres princes allemands possessionnés raisonnaient d'une façon analogue et, se plaçant sur le terrain diplomatique, se réclamaient de la teneur des traités de paix.

Localisons la question. Frédéric-Eugène, par une lettre en date du 27 novembre 1789, met M. de Rieger au courant de ce qui se passe dans la baronnie de Granges. Le sr Pilon, directeur des salines de Saulnot, l'a informé que les échevins de la terre de Granges, ayant reçu un ordre de fournir le rôle des déclarations de biens en vertu du décret du 6 octobre, plusieurs lui avaient demandé quelle soumission de contribution patriotique il fournirait. Pilon ajoute : « Si on ne se prête pas à cette réquisition, les mauvais sujets seraient capables d'insinuer au peuple qu'on ne veut rien donner et il se porterait à de nouveaux excès ». Frédéric-Eugène fort embarrassé, prend le parti de biaiser et dit qu'il est obligé de suspendre sa déclaration en raison de certains renseignements qui ne lui sont pas encore parvenus. Il fait remarquer que du reste, pour le présent, il y a une impossibilité absolue de déterminer *ce quart*, attendu que la généralité des sujets refuse le paiement des droits seigneuriaux et même des dîmes.

C'est ce qu'a pu déclarer également, à la commune de Besançon, pour ses terres de Franche-Comté, M. le marquis du Chaylard ([1]). Et, s'adressant à M. de Rieger, le prince ajoute : « Je n'ai pas besoin de vous exposer dans quel extrême embarras

---

[1] Il possédait la terre de Chatillon-Guyotte, village de l'arrondissement de Baume-les-Dames, érigée en marquisat en 1734, en faveur de Jean-Antoine du Chaylard.

je me trouve, vous le sentez aisément ! Je me bornerai à vous dire que la fermentation qui règne en Franche-Comté est toujours si grande et le peuple si effréné, qu'il serait bien à désirer qu'on pût obtenir des ordres supérieurs pour contenir les sujets des seigneuries, car l'impunité ne peut que les enhardir plus que jamais ».

Au sujet de cette imposition, qui lui semble également litigieuse, le Conseil de Régence de Montbéliard adresse au Parlement de Besançon une demande d'explication. La réponse de ce corps se trouve dans nos pièces justificatives.

L'interprétation des magistrats de Besançon est bienveillante et ne porte pas trace d'inquisition. Mais comment le prince, ainsi qu'on l'y convie dans ce document, aurait-il pu, en l'absence malheureusement trop certaine d'une force publique agissante, faire rentrer les dîmes et redevances seigneuriales et les comprendre dans sa déclaration ?

Ce sont de prudents avis que Frédéric-Eugène reçoit de M. de Rieger. « Il faut temporiser, écrit-il, et ne pas refuser carrément, cela pourrait devenir périlleux et aliéner l'esprit des sujets personnellement soumis à cet impôt ». Puis, en date du 6 décembre 1789, condensant toutes les objections qu'on peut présenter, il dit que M. de Montmorin lui ayant demandé la remise d'une note au sujet du rôle de déclaration réclamée par les échevins de Granges, il a fait toutes sortes de réflexions sur l'usage que médite d'en faire le ministre, car d'après ce qui s'entend tous les jours, les États généraux sont peu disposés à exempter de cette contribution les princes étrangers. — En effet, continue M. de Rieger, l'arme est à deux tranchants : si nous déclarons beaucoup, il faudra beaucoup contribuer et, en annonçant peu, c'est forcément amoindrir le montant de la demande d'indemnité qu'on pourra présenter pour les revenus supprimés. « J'ai consulté sur mes raisons M. Lavie, (1) que V. A. m'a donné pour un homme qui

(1) Lavie, (Marc-David), dont le nom reviendra à plusieurs reprises sous notre plume, propriétaire et médecin à Belfort, député du Tiers-État pour les districts réunis de Belfort et de Huningue, était fils de Théodore Lavie, originaire de Vevey, perruquier et bourgeois de Montbéliard, et de Françoise-Marguerite Laurillard.

Il avait été baptisé le 17 septembre 1737 au temple St-Martin de cette

lui fut attaché, il a parfaitement assenti à ma manière de voir. Il estime que les esprits sont trop montés en ce moment, et que la prudence exige de se plier aux circonstances.

« M. Lavie dit aussi qu'il y aurait mauvaise grâce à se refuser à la contribution patriotique, attendu que tous les propriétaires de biens fonds en France s'y soumettent, que la qualité de seigneur ne fait rien à l'affaire, que c'est le fonds, faisant partie du territoire de France, qui est imposé. Que cette contribution étant censée libre et volontaire, unique en son genre et ne devant jamais revenir, elle ne tire pas à conséquence et ne porte aucun préjudice aux droits et privilèges seigneuriaux. Qu'au contraire, un refus à cette marque d'attachement au Roi et à la Nation pourrait devenir périlleux, aliéner l'esprit des sujets et amener la reproduction de scènes affligeantes ».

Dans cette lettre, M. de Rieger prépare doucement son maitre à boire la coupe amère, estimant difficile qu'il éloigne le calice de ses lèvres. Il termine en donnant les renseignements suivants :

« En attendant, je dois faire observer à V. A. S. que la taille et les vingtièmes se perçoivent ici indistinctement. Le roi y est imposé pour son bois de Boulogne, M. le comte d'Artois pour Bagatelle ».

Etait-il bien nécessaire de revenir sur tous les dégàts commis ? C'est cependant ce que fait le prince, en écrivant à son chargé d'affaires, en date du 7 décembre :

dernière ville. Il est mort en 1793 à Danjoutin, où il avait acquis un petit domaine.

Sa jeunesse fut orageuse, lisons-nous dans les *Ephémérides* de Duvernoy. Ayant abandonné la maison paternelle, les Jésuites à Nancy l'accueillirent. Ses talents, qui se développaient sous leurs yeux, les disposèrent à le faire entrer dans leur institut, mais le temps de son noviciat n'était pas écoulé qu'il s'était enfui du collège. Ayant quelques notions de chirurgie (on sait ce qu'il fallait entendre par ce mot, au 17ᵉ siècle !), il s'embarqua pour St Domingue, où il fit fortune. Ses plantations furent détruites pendant la Révolution et, revenu en Europe, il fut élu à l'Assemblée Nationale Constituante.

On parle avantageusement de ce personnage dans plusieurs lettres que nous reproduirons.

En date du 15 novembre 1789, M. de Rieger dit de lui : « J'ai déterré, à la fin, la demeure de M. Lavie. C'est un homme de beaucoup d'esprit, d'une vivacité et d'un feu extraordinaire qui paraît le consumer pour le système qu'il a adopté, embrasé de civisme, démocrate jusqu'aux ongles, tel que Votre Altesse Sérénissime m'en a fait la description ».

« ..... Les officiers de justice, dans les provinces voisines, sont si intimidés et craignent tellement la fureur du peuple armé, qu'aucun d'eux, notaires par exemple ou huissiers, n'osent rédiger des procès-verbaux des refus que font les sujets de payer ce qu'ils doivent sans aucune réplique de leurs actes de violence et des dégradations inouïes qui se commettent dans les forêts. Celles de la terre de Granges sont si abîmées qu'il faut recourir à des achats de bois pour l'alimentation des salines de Saulnot.

« Il n'a donc pas été possible jusqu'ici de faire dresser un procès-verbal de la dévastation de ce bâtiment et du pillage qui y a été exercé le 23 juillet dernier. J'ai écrit dernièrement au sr Pilon, mais il a encore les plus justes craintes de se voir exposé aux plus affreux excès, s'il faisait procéder à une reconnoissance et déclaration de tout ce qui est arrivé.

« Les gens d'Héricourt continuent impunément leurs brigandages. Ils ont saisi et arrêté le 4 du courant soixante sacs d'avoine provenant de la dixme du Magny d'Anigon, dépendant de cette souveraineté, malgré que les voituriers aient été munis d'un certificat des Maire et Echevins et aient observé les formalités prescrites. Il est fort à craindre qu'on en prononce la saisie et confiscation, la populace ayant le pouvoir de faire la loi et de dicter les jugemens.

« Vous sentirez, Mr, après ce détail, combien il est nécessaire d'apporter une fin à des vexations aussi inouïes. Et comme M. le Marquis de Langeron, commandant de la province de Franche-Comté, malgré ses meilleures dispositions, dont je ne puis que me louer, ne peut pas même rétablir le bon ordre et réprimer les excès, il n'y a plus d'autre parti à prendre que de faire les plus vives et les plus pressantes représentations au Ministère du Roi ».

En Alsace, aussi peu de sujets de satisfaction :

« Les communautés du comté d'Horbourg sont insolentes par leurs entreprises sur les forêts seigneuriales, où quelques unes ont déjà tracé les limites de celles dont elles entendent se mettre en possession. Quant à l'acquittement de la taille en grains et en argent, dont les seigneurs jouissent depuis plusieurs siècles et qui sont indépendantes des impositions royales, elles s'y refusent. Cela est d'autant plus grave que la taille en grains, dans le seul comté d'Horbourg produit, année commune, environ six cents sacs de grains, sans parler de celle en argent et de celle en vin dans la seigneurie de Richwihr. Avec la suppression de tous les droits antérieurs abolis dans les terres de Franche-Comté, la perte annuelle dépassera cinquante mille livres ».

Du côté de Paris, le ciel est chargé de nuages. Le 17 décembre, M. de Rieger, après avoir parlé des attentats commis, s'exprime ainsi :

« D'ici, Monseigneur, non plus que les autres Ministres, je ne puis plus rien effectuer qui fasse avancer l'affaire au gré de V. A. S^{me}. Tout ce qu'elle me fait l'honneur de répéter sur ses droits, sur l'injustice des enfreintes qui se commettent contre ses possessions légitimes, sur les dégâts qui y ont été causés, sur l'insubordination des sujets qui se soutirent à toute autorité, je n'ai cessé d'en faire usage dans mes conférences. J'ai renouvelé ces plaintes dans quantité de mes mémoires au Ministère. Il n'y a pas un mot à y répondre, tous les gens raisonnables et instruits tombent d'accord, nous plaignent, me prêchent la patience et m'avouent qu'il n'y a pas de remède pour le moment, où l'anarchie est complète, et la confusion, l'insubordination, le manque de forces exécutives à son comble !

« Je supplie et je conjure V. A. S^{me} de me croire sur parole et de me rendre la justice que ce n'est ni par égoïsme, ni par un relâchement de zèle, dont je suis incapable, que je me trouve dans l'impossibilité de satisfaire à ses hautes intentions aussi bien que je le voudrais. Depuis le premier ambassadeur jusqu'au dernier des chargés d'affaires, un chacun vous avouera, Monseigneur, que notre existence présente est nulle, et qu'aucun de nous n'avance en quoi que ce soit, même pour les affaires de la plus grande influence politique.

« Les troubles d'Amiens, de Marseille, de Senlis, de Toulon, de Rennes, Dieu veuille qu'ils ne deviennent pas les précurseurs d'une troisième révolution ! »

« En deux mots, Monseigneur, on peut s'attendre à tout et on ne peut rien prévoir. J'avoue à V. A. S^{me} que j'ai besoin de toute ma fermeté et de mon infini dévouement à mon Maître et à sa S^{me} Maison, pour soutenir mon existence précaire et gratuite, dans une ville et parmi une nation dont je ne reconnais plus ni les mœurs ni le caractère.

« V. A. S^{me} me reproche d'avoir communiqué avec M. Lavie au sujet des arrêtés du 4 août. J'ose lui observer respectueusement que je n'ai connu cet homme que par la renommée de son fanatisme civique, et d'une certaine correspondance particulière à laquelle on avait attribué la première effervescence éclatée en Alsace. V. A. S^{me} m'a ordonné de chercher à le voir comme un homme qui lui fut attaché et avec lequel elle entretenait une espèce de correspondance. Elle m'a autorisé à lui parler des embarras que vous causoit, Monseigneur, l'extension des arrêtés allégués à ses possessions en France, ainsi je n'ai fait qu'obéir à vos ordres. M. Lavie y a répondu rondement et d'après sa manière de voir et d'agir. Je ne crois pas que cela puisse faire aucun tort à la cause de la patrie. Il n'en fera ni plus ni moins, lorsque l'affaire sera reprise en délibération, et je préfère toujours d'avoir à traiter avec des gens qui ne se déguisent pas et qui me disent cordialement à quoi je puis m'en tenir avec eux ; au reste son opinion n'oblige à rien, et V. A. S^{me} est toujours maîtresse d'agir comme bon lui semblera.

« Je lui ai fait part depuis, de l'affaire des gens de Héricourt, pour savoir s'il en étoit parvenu quelque chose au Comité des rapports, auprès duquel je n'ai aucun accès direct. Je ne savois pas que V. A. S^{me} lui avoit déjà écrit pour le même objet. Voilà, Monseigneur, ci-joint la réponse qu'il me donne. Cet homme me plaît, il est toujours le même et ne change pas de physionomie. Je n'entre pas dans le système de sa politique, dont il donne un échantillon à la fin de sa lettre. S'il n'est pas plus profond dans ses autres connaissances, je ne voudrais pas en faire mon agent ». (*Archives Nationales, K 1818*)

Une des rares satisfactions du prince, en ce temps-là, (au début de janvier 1790) fut de recevoir la lettre du président de l'Assemblée Nationale aux municipalités de Franche-Comté, document que voici :

Lettre circulaire du Président de l'Assemblée Nationale

L'Assemblée Nationale, Messieurs, voit avec un grand déplaisir que les troubles qui ont cy-devant agité la Franche-Comté, commencent à renaître, elle m'a chargé, en qualité de son président, de vous inviter à employer tous les moyens qui sont en votre pouvoir pour maintenir l'ordre, la concorde et la paix dans vos cantons.

Elle insiste principalement pour que la souveraineté de la Principauté de Montbéliard soit respectée, et que la liberté que les Français viennent de reconquérir ne soit point souillée par l'effusion du sang humain.

Je suis, Messieurs, votre très humble et très obéissant serviteur,

Signé : *L'abbé de Montesquiou* (1).

Arch. Nat., K. 1818.

Ce document, le prince s'occupe de le répandre autour de lui. Il l'adresse à Arcey, au receveur de ses fermes, le s^r l'Homme, qui en reçoit vingt exemplaires; il les fera répandre sans retard. Ses concitoyens sont toujours pacifiques, et s'il n'a pas accusé réception de l'envoi par retour du porteur, c'est parce qu'en ce moment-là « il était occupé à arracher des bras de la mort une épouse qui depuis douze ans fait le bonheur de sa vie, et j'ai, dit-il, été assez heureux pour que le Ciel ne m'en prive pas ». Le prince envoie la lettre à Blamont, en informant M. de Thurey qu'elle est en réponse à ses plaintes au sujet du meurtre d'un particulier d'Etobon et des blessures faites à plusieurs de cette localité qui conduisaient de l'avoine à Montbéliard. Les trente exemplaires expédiés sont destinés aux différents comités, comme aux préposés des seigneuries de Blamont, d'Héricourt et du Châtelot.

Baume-les-Dames reçoit également la lettre en question. M. Blondeau, de cette ville, ne négligera rien pour sa diffusion et pour déterminer le comité de Baume à prendre d'efficaces moyens pour prévenir les désordres. Sa lettre se termine comme suit :

« Je suis infiniment flatté que le petit envoi de pâtes

(1) François-Xavier-Marc-Antoine, duc de Montesquiou-Fézensac (1756-1832). Abbé de Beaulieu, député du clergé de Paris, aux Etats-Généraux (1789). Il soutint les anciens droits avec adresse et éloquence. Elu deux fois président de l'Assemblée Constituante, il attaqua la Constitution civile du clergé et, après le 10 août, émigra en Angleterre et ne rentra qu'après le 9 thermidor.

Membre du Conseil d'Etat de 1814, il contribua à la rédaction de la Charte. Ministre de l'Intérieur la même année, il fit voter une loi contre la liberté de la presse. Pendant les Cent Jours, il passa en Angleterre. A son retour il fut nommé Pair de France le 17 août 1815 et membre de l'Académie française et de celle des Inscriptions. Il fut créé duc en 1821.

de coings ait pu être agréable à Son Altesse Royale, je me proposais d'en faire un plus considérable, mais il ne s'est plus trouvé de coings. J'y suppléerai par des pâtes de renettes, qui ne sont pas prêtes à être envoyées. Je désire qu'elles soient également agréables à Vos Altesses ».

Disons, pour le lecteur étranger à la contrée, que les pâtes de coings de Baume-les-Dames, primitivement fabriquées au couvent de Bénédictines de cette ville, ont de tout temps joui d'une renommée exceptionnelle.

CHAPITRE VI

—————

Le Commerce Montbéliardais. — Difficultés douanières

De qui nous sommes-nous entretenus jusqu'ici ? De princes, de militaires, de fonctionnaires de tous ordres, puis de gens placés beaucoup plus bas, aux derniers degrés de l'échelle sociale, de paysans. Toutes les correspondances que nous avons reproduites décorent ces derniers des épithètes les moins flatteuses, ceci non sans apparence de raison.

Cependant, à un niveau intermédiaire, formant dans les villes un fort contingent, se rencontre tout un peuple de bourgeois : gens sages pris dans leur ensemble, rangés, modérés, dont le travail joint à un esprit d'économie s'étant exercé pendant des générations, a permis la constitution d'un capital, sans lequel aucun progrès matériel n'est réalisable. Il est juste d'en dire quelques mots.

Ces bourgeois, s'ils ne sont pas artisans proprement dits, s'occupent de commerce. MM. Nardin et Mauveaux, dans leur *Histoire des Corporations*, disent qu'au XVIIe siècle, Montbéliard est le centre où viennent aboutir les marchandises de Suisse, d'Allemagne et des provinces environnantes. Les marchands de Montbéliard servent de commissionnaires aux négociants de ces Etats. Topographiquement, la ville est admirablement placée, aussi leur situation est prospère.

Mais après la conquête de l'Alsace (1648) et celle de la Franche-Comté (1678) par les troupes françaises, l'ère des difficultés commence. Survient ensuite la prise de possession des seigneuries montbéliardaises par Louis XIV, qui diminue l'importance du petit Etat et de sa capitale.

La population de la ville, en 1630, est de 3.684 habitants ; elle tombe à 2.489 en 1700, pour se relever en suite, faiblement, il est vrai, mais régulièrement, pendant tout le cours du XVIIIe siècle.

D'après le manuscrit de Jean-Léonard Parrot, cité par G. Goguel dans son ouvrage, *Hommes connus dans le monde savant*, au moment où les difficultés toujours croissantes, apportées par la France dans l'exercice des échanges, sont à leur apogée et précèdent la conquête, soixante négociants montbéliardais se livrent encore au commerce d'exportation.

Les cuirs (1) et les toiles de Montbéliard étaient estimés. Le tabac qu'on tirait d'Alsace, en feuilles, pour le revendre ensuite manutentionné, en Suisse et en Franche-Comté, était l'objet d'actives transactions. C'était, pour ceux qui venaient s'approvisionner à Montbéliard, un objet de contrebande, et nous ne voudrions pas jurer que nos concitoyens aient été, à ce sujet, purs de toute compromission. En ce qui se rapporte aux prétentions du fisc, ils avaient la conscience large, traqués comme ils l'étaient depuis plusieurs générations par la douane française et les exactions qu'avaient exercées sur eux, dans le premier tiers du siècle, leur prince Léopold-Eberhard, de triste mémoire. Au moment donc que nous envisageons, les souffrances des négociants sont si vives, qu'ils succombent ; ils sont ruinés.

Si nous ne parlons pas des industriels et manufacturiers de la contrée, la raison est excellente : ils n'existaient pas alors. A part les forges, propriétés princières, leurs usines, dont le développement fut graduel, n'étaient pas encore sorties de terre. C'est par un effort violent et méritoire que plusieurs d'entre eux, aujourd'hui au premier rang, émergèrent, non de la bourgeoisie, mais de la souche plus robuste et quelque peu fruste du paysan.

En effet, qu'il s'agisse alors d'importation ou d'exportation, peu importe ; que pour l'habitant, il soit question des grains dont il se nourrit, de fruits, de fourrage, ou, comme produits fabriqués, de fer, de coutellerie, de bonneterie ou autres objets que nous avons déjà indiqués, bref, de tout article de trafic, de production ou de fabrication montbéliardaise, il se heurte dans l'un et l'autre cas à la douane qui l'enserre : c'est un cercle de fer. C'est une interdiction, ou, à défaut, ce sont des droits prohibitifs qu'on lui oppose.

(1) Les tanneurs montbéliardais, fort nombreux, se rendaient aux foires de Belfort, Thann, Colmar, Delle, Porrentruy, Bâle, Zurzach. Le plus souvent ils se nomment Meyer, Nardin, Fallot, Berdot, Grosrenaud, Tuefferd, Curie et Duvernoy (*L. Nardin* et *J. Mauveaux ; Histoire des Corporations*).

MUSÉE DE MONTBÉLIARD

ENSEIGNE D'UN BONNETIER

En vain, les administrations locales se démènent, le prince aussi s'occupe de la question. On gémit sans résultat ! En vase clos, il est procédé à la cuisson du Montbéliardais ; c'est délibéré en haut lieu, c'est voulu ! Tout choc a sa répercussion, le paysan souffre, presque autant que le citadin, de cet état de choses.

Les pièces démonstratives que nous avons réunies et que nous allons présenter, n'ont pas été classées dans un ordre chronologique irréprochable, mais plutôt groupées méthodiquement, suivant le genre de plainte auquel elles se rapportent.

Voici d'abord un mémoire du Conseil de Montbéliard exposant au gouvernement français que depuis l'application des nouvelles mesures, les habitants de Voujancourt et d'Audincourt sont dans l'impossibilité de faire moudre leurs grains. L'autorité militaire se livre à des violations continuelles de territoire, et, comme si on était en guerre, sur les terres mêmes du prince, elle porte atteinte à la liberté des sujets. Ce n'est ni plus ni moins que du pillage.

MÉMOIRE

Montbéliard, le 28 février 1791

Le village de Voujaucourt est mi-parti ou de souveraineté commune entre le Roi et le duc de Wirtemberg.

Les sujets du comté de Montbéliard audit Voujaucourt qui sont banniers aux moulins dépendants de cette souveraineté, ont fréquenté ordinairement celui de la Roche situé à une demi lieue de leur village et placé sur la rivière d'Alan, où ils se rendent sans emprunt de territoire. Mais ils en sont empêchés depuis quelques mois par un détachement de soldats des troupes de ligne posté à Dampierre-sur-le-Doubs, lesquels, sans doute sous prétexte du bureau françois établi près du pont de Voujaucourt, pénétrent dans le territoire du dit lieu pour y arrêter et saisir tous les grains que l'on conduit, soit à Montbéliard, soit au moulin de la Roche. Ces procédés vexatoires sont d'autant plus répréhensibles qu'ils attentent à la souveraineté de Montbéliard, dont les sujets, à Voujaucourt, ont toujours eu la libre communication avec la ville de Montbéliard et le moulin de la Roche, sans être astreints à aucune formalité, parcequ'ils ne passent pas sur le territoire de France.

Le village d'Audincourt est également mi-parti entre le Roi et le Duc de Wirtemberg, les sujets de cette souveraineté sont dans l'usage de faire moudre leurs grains au moulin de Bélieu dépendant du comté de Montbéliard, où ils se sont toujours rendus sans la moindre difficulté, parcequ'ils n'empruntent aucun territoire étranger.

Cependant lesdits sujets ne peuvent plus exercer cette faculté. Des soldats de ligne placés à Seloncourt, village françois, se transportent à Audincourt, où ils arrêtent et saisissent tous les grains qui sont envoïés au moulin de Bélieu.

On s'est inutilement adressé au département du Doubs, au district de St-Hypolite, aux commandans de Besançon et de Blamont pour obtenir la restitution des grains saisis, et la libre communication des sujets de Montbéliard à Voujaucourt et Audincourt, avec les moulins de cette souveraineté. Les gènes et les saisies se succèdent journellement. Les sujets de Montbéliard en ont porté les plus vives plaintes, et les censitaires des moulins refusent de païer leurs canons, à cause des dommages et intérêts qu'ils ont ressentis.

Le Duc de Wirtemberg pénétré de la justice de S. M.^{té} et de son désir invariable d'entretenir un bon voisinage, espère qu'il sera incessamment pris des mesures pour rétablir les choses sur l'ancien pied, en ordonnant la prompte restitution de tous les grains indeument saisis, ainsi que la réparation de toutes les pertes.

(Arch. nat. K 1819).

A cette plainte, digne et modérée, les administrateurs du Directoire du département du Doubs, auxquels le gouvernement français l'a communiquée, répondent avec une sorte d'inconscience : « Quand aux saisies de grains que M. de Rieger suppose faites sur le territoire de Montbéliard, sans fixer ni la date ni l'espèce, nous vous ferons observer que le Conseil de Montbéliard ne nous a jamais adressé des réclamations officielles et que, par conséquent, nous ne pouvons en être responsables. Plusieurs décrets de l'Assemblée Nationale défendant l'exportation des grains à l'étranger, M. de Toulongeon, de concert avec nous, a fait placer un cordon de troupes de ligne sur les frontières de la Suisse, de Montbéliard et de Porrentruy. Les soldats ont fait des saisies en exécutant leurs consignes. Peut-être quelques-uns ont ils abusé de leur position pour saisir des grains sur le territoire du prince ; peut-être n'ont-ils pas toujours distingué les limites des deux territoires.... »

En résumé, si le Conseil se plaint, disant que ces violations sont continuelles, et les abus constants, le Directoire demande des dates. Au lieu de faire des excuses et sans procéder à une enquête sérieuse, on se contente de douter des faits, on prétend qu'il s'agit là uniquement de *suppositions*. La seule satisfaction donnée est absolument platonique, on pense que « peut-être les soldats et leurs chefs n'ont pas toujours distingué les limites des deux territoires ». De réparations ou de restitutions, on n'en parle pas.

Le prince veut il, pour alimenter la contrée, faire venir des grains de ses seigneuries d'Alsace, on y met obstacle. A la suite d'un rapport que lui fait sur cette question son Conseil, il écrit au ministre Necker et lui expose qu'il y perçoit, année moyenne, 4.500 sacs de grains, et qu'en demandant, ainsi qu'il l'a fait, mille ou quinze cents sacs seulement pour être transportés dans le Montbéliard, il laisse en Alsace les trois quarts de sa perception pour la consommation des sujets du Roi. Il ajoute que la récolte de ce pays là, comme le déclare M. Muller, est pour l'année plus que suffisante, tandis que la disette que l'on redoute pour le Montbéliard ne serait que l'effet de causes passagères, de la grêle; ce pays se suffisant à lui-même dans les années de récoltes médiocres. Le prince dit aussi qu'en tous temps, pleine liberté est laissée aux sujets du roi de venir s'approvisionner dans ses terres.

Malgré tant de bonnes raisons, la demande ne reçut aucun accueil.

Mais il est, de la part de la France, toujours relativement aux grains, question des plus angoissantes, des exigences supérieures encore. Non seulement on interdit la venue, dans le Montbéliard ravagé, d'une partie des redevances dues par les seigneuries d'Alsace, mais on s'oppose à ce que les enclaves différentes du Montbéliard communiquent entre elles, comme elles n'avaient cessé de le faire jusque là.

Si l'arbitraire et le mauvais vouloir du gouvernement sont extrêmes, par surcroît, les habitants des terres voisines, les gens d'Héricourt en particulier, administrativement séparés depuis près d'un siècle, trouvent encore moyen de renchérir sur ses prescriptions.

Le rapport du conseiller Bouthenot, que l'on trouvera au nombre de nos pièces justificatives, expose la question.

Il semble impossible, à la lecture, de contester le bien fondé des observations de ce fonctionnaire, le bon ordre dans lequel elles sont présentées et, d'autre part, le manque d'équité des procédés qui motivent les plaintes.

Ce rapport est intéressant également à un point de vue spécial : il montre qu'en 1793, la situation avait changé, puisque la récolte du petit pays s'était trouvée non seulement suffisante pour les besoins locaux, mais qu'il avait été possible de fournir aux armées de la République cinquante mille quartes d'avoine et six cents milliers de foin.

Au début des troubles, Frédéric-Eugène s'était adressé au comte de Rochambeau, gouverneur d'Alsace, pour recevoir de cette province de l'avoine destinée à l'entretien des chevaux de la garnison française, cantonnée à Montbéliard. Ce général, lié par des instructions précises, lui avait répondu :

LE COMTE DE ROCHAMBEAU AU PRINCE FRÉDÉRIC-EUGÈNE.

Strasbourg, ce 19 septembre 1789.

Je supplie V. A. S. de se mettre à ma place ! Trois arrêts du Conseil d'État ont défendu l'exportation des grains ; un décret de l'Assemblée nationale le défend également ; un décret du Conseil souverain d'Alsace y attache les peines les plus sévères ; je ne puis donner main-forte que pour appuyer la loi. Est-ce à moi à y déroger ?

Je ne cacherai pas à V. A. S. qu'il a pensé y avoir tout à l'heure une émeute à Belfort, parce qu'on y a débité qu'Elle avait envoyé un détachement de cavalerie de S. M, qui lui a été confié, pour escorter les grains qu'on dit qu'elle a fait acheter dans un village françois.

Je ne puis donc qu'en revenir à proposer à V. A. S, ou de nourrir le détachement qu'Elle a, avec de l'avoine nouvelle recueillie dans son pays, comme on le fait à la guerre, ou de renvoyer la cavalerie en renforçant le poste d'infanterie qu'Elle a, des troupes de S. M.

Voilà tout ce qui est en mon pouvoir et tout ce que je puis Lui offrir.

Le Comte de Rochambeau.

(*Fonds du Luu*).

A n'en pas douter, il y a de la part du puissant voisin, qui de toute part enserre Montbéliard, un manque de bienveillance absolu.

S'il en est ainsi pour les produits de la terre, qu'en sera-t-il pour l'industrie et le commerce montbéliardais? Avec chaleur le prince plaide la cause de ses administrés dans la longue lettre suivante qu'il envoie à M. de Rieger :

FRÉDÉRIC-EUGÈNE A M. DE RIEGER

Du 20 Mai 1791.

J'ai reçu la lettre que vous m'avez fait le plaisir de m'écrire sous la date du 11 du courant, mais qui est probablement du 16, puisqu'elle est responsive à la mienne du 11. Vous avez eu bien raison de représenter à M. de Rayneval toutes les suites fâcheuses, qui résulteroient au païs de Montbéliard de l'exécution du nouveau tarif des traites.

Ces suites existent déjà au grand désavantage des marchands de cette ville. Leur embarras est extrême. Le Sr Pierre-Louis Sahler aïant expédié le 17 du courant pour la Chaux-de-Fonds en Suisse, différentes marchandises désignées dans la lettre de voiture renfermée sous ce pli, le Receveur des fermes, à Fesches-l'Eglise, village à l'entrée d'Alsace, a refusé de lui délivrer l'acquit à caution d'usage, et a prétendu exiger les droits d'entrée sur le pied du nouveau tarif ; de manière que led. Sr Sahler n'a pû faire son expédition (1).

Il s'est ensuite adressé au Sr Henry, receveur des fermes a Chatenois, pour avoir l'acquit à caution nécessaire pour transiter ; mais celui-ci l'a également refusé en insistant sur le paiement des nouveaux droits, en vertu des ordres qu'il a reçus du Sr Veiss, de Belfort, l'un de ses supérieurs. Je joins à ce pli la lettre originale dud. receveur écrite au Sr Sahler, dans laquelle se trouve une copie des ordres du Sr Veiss.

Je vous laisse à juger M. de la situation fâcheuse et accablante dans laquelle se trouvent maintenant les

(1) Pierre-Louis Sahler était le fils du pasteur G.-D. Sahler et le neveu du conseiller Bouthenot.

habitants de ce pays, qui sont gênés au point de ne pas pouvoir mettre le pied sur le territoire françois sans être astreints à des droits qu'ils ne peuvent supporter et qui sont pour la plupart des droits prohibitifs.

Cependant il est connu que les François importent plus chez nous que nous chez eux, et que la balance du commerce est tout à leur avantage. S'ils méconnoissent assez leurs intérêts pour ne pas faire un arrangement de commerce avec nous, nous ne pouvons que désirer qu'ils soient plus éclairés et deviennent plus raisonnables. Ils nous refusent le transit sur leur territoire, tandis qu'ils passent, non pas souvent, non pas journellement, mais bien à chaque moment sur le nôtre, en toute liberté et sans payer d'autres droits que ceux d'un modique péage.

Je dois vous dire, Monsieur, et vous le savez peut-être, que le commerce des bourgeois de Montbéliard n'est pas borné à l'enceinte de ce pays, qu'ils font beaucoup d'affaires avec la Suisse et autres provinces étrangères, qu'ils y font des expéditions de marchandises tant de France que d'autres contrées, de manière que si on leur refuse le transit, ils sont forcés de renoncer à tout négoce et que plusieurs d'entre eux seront obligés de s'expatrier. Ce que j'ai l'honneur de vous marquer n'est pas exagéré, M. le conseiller Jeanmaire vous donnera des explications encore plus étendues.

Je ne parle pas des fers de nos forges, qu'on faisait passer en Suisse. Les fermiers sont autorisés par le bail à en fabriquer 1200 milliers par an. Il n'est assurément pas possible de verser dans notre pays la moindre partie de cette fabrication. Et s'il n'y a plus de transit, quel sera le sort de ces usines et que deviendront-elles ! Il n'est pas possible d'envoyer ces fers en France parce que les droits qu'ils supporteraient ne permettraient pas de les vendre.

Vous n'ignorez pas qu'on travaille ici beaucoup d'ouvrages de bonneterie, tant en fil qu'en laine. Vous vous rappellerez toutes les peines que vous vous êtes données pour procurer la libre entrée en France des ouvrages des faiseurs de bas au métier. Les voilà maintenant privés de cet avantage et sans débouché ! (1).

Quoi qu'il en soit, si les François ne veulent pas nous accorder l'assimilation ou un arrangement de commerce, ou si cette affaire doit essuyer des retards, ils ne peuvent sans une injustice criante nous traiter autrement qu'ils ne veulent être traités ; ils exercent le transit sur notre territoire sans gêne et sans paiement de droits, ils doivent donc de même nous l'accorder chez eux.

Je pense bien que le ministère de France désapprouvera tout ce qui se passe à notre égard, qu'on parlera d'envoyer des ordres pour que nous ayons le transit comme ci-devant. Mais si ces ordres éprouvent des délais, ou s'ils ne sont pas respectés, si on les explique arbitrairement et à notre désavantage, si les municipalités qui se disent chargées de l'exécution des loix du roïaume, ne veulent pas consentir au transit, si on procède à des saisies de marchandises, quel parti y aura-t-il à prendre, de notre part.... ?

Il importe surtout de faire en sorte que la communication et la correspondance soient maintenues entre le comté de Montbéliard et les seigneuries voisines, particulièrement à cause des besoins réciproques des forges d'Audincourt et de Chagey. Je vous en ai déjà fait mention dans mes précédentes.

Je présume que, sur vos instances et bonnes représentations, on ne tardera pas, si cela n'est pas encore arrivé, à faire passer à tous les préposés des fermes et aux municipalités des frontières, les ordres les plus précis pour que les choses restent sur l'ancien pied, mais la mauvaise volonté de nos voisins est si caractérisée, que s'il dépen-

(1) Cette industrie, jadis florissante, est fort ancienne à Montbéliard, quoique les premières règles de la corporation des bonnetiers n'aient été établies qu'à la fin du XVIᵉ siècle. Il y avait, à la fin du XVIIIᵉ dans cette ville, cent vingt métiers à bas. Le prix de ces mécaniques était élevé. Un bourgeois avait fait à Paris la découverte du secret permettant de faire des bas façonnés. En Suisse, on avait appris à faire le tricot à côtes.

Les bonnetiers ont totalement disparus du pays depuis une centaine d'années. Cette industrie momentanément s'est transportée ailleurs.

doit d'eux, ils ne se mettroient pas en devoir de se conformer à ce qui leur sera prescrit.... Il sera bien à propos que vous me fassiez parvenir une copie des ordres en question, pour que j'en connoisse la teneur et qu'on puisse se diriger en conséquence.

Je ne m'étendrai pas davantage sur cet objet : Vous en connoissez toute l'importance, et je suis persuadé de tout votre zèle à cet égard.

J'ai lieu de croire, d'après ce que vous m'avez marqué, qu'on ne cherche pas à rompre avec nous toute négociation, et à nous entretenir par des espérances, pendant que pendant les conférences, on nous traiteroit, non pas comme des voisins, mais comme un Etat dont on a juré la perte.

Je désire infiniment d'apprendre le résultat de la conférence que M. le cons. Jeanmaire a dû avoir mercredy dernier avec M. de Rayneval au sujet des revenus arriérés.

S'il y a une chose pressante, c'est le comblement du déficit de la Recette générale. Il n'est pas possible de la soutenir sans des ressources suffisantes, et je n'en connois point d'autre moien que celui que je vous ai proposé. Je vous prie, M., instamment de ne pas perdre de vue cette affaire (¹).

Je suis informé par un particulier de Mulhouse que la ville de ce nom, qui sollicite l'assimilation de son commerce avec celui de la France, est dans le cas de se déclarer sur différentes propositions qui lui ont été faites. La France demande qu'elle admette :

1° Le timbre.

2° Les assignats.

3° Le contrôle et l'établissement d'un contrôleur dans la ville.

4° Les patentes.

5° Qu'elle supprime tout péage et droits locaux sur son territoire.

Il me paraît bien à propos de savoir ce qui en est.

Frédéric-Eugène,
Duc de Wurtemberg.

(Arch Nat. K 1819).

----

(1) Frédéric-Eugène veut dire ici sans doute que le Wurtemberg se décide à combler le déficit du Montbéliard.

On n'a peut-être pas suffisamment remarqué jusqu'ici combien alors la position de Mulhouse et de Montbéliard, villes toutes deux enclavées en territoire français et dont le sort depuis, de toutes façons a été si différent, présentait d'analogie. Montbéliard, en 1793, est réuni à la France par une agression brutale. Mulhouse, en 1798, se donne volontairement à elle, mais sous l'empire des circonstances plus que par inclination véritable. Cependant au bout de peu d'années, nulle part on ne voit trace de regrets causés par la tournure des événements.

Au moment où nous sommes, Montbéliard est dans le marasme. Les forges de Chagey, situées en territoire soumis à la France depuis Louis XIV et qui travaillaient de concert avec celles d'Audincourt, restées Wurtembergeoises, ne peuvent plus fonctionner normalement, car depuis l'application des nouvelles mesures douanières, pour les fers que ces usines expédient, on applique dans toute leur rigueur les droits français. Pensent-elles, pour éviter cette surcharge, les faire passer par Delle, le prince évêque de Bâle, voulant favoriser ses forges d'Undevillier, qu'il exploite lui-même, les impose. Partout, autour de Montbéliard, on rencontre des douanes : à Héricourt, à Bondeval, à Fesches-l'Eglise, à Chatenois, sur toutes les routes enfin. Mêmes difficultés pour le voiturage des matières premières nécessaires à ces usines. On interdit la circulation du minerai. Les charbons de même, ne peuvent plus transiter pour aller de l'une à l'autre. Aussi, Frédéric-Eugène écrit-il de nouveau à M. de Rieger, et, lui parlant de la situation générale, il dit :

« Je ne puis vous exprimer dans quelle fâcheuse situation se trouvent les habitants de ce pays, et combien il est urgent d'y apporter quelque remède. J'attends tout de votre zèle et de l'intérêt que vous mettez à faire cesser enfin des réclamations qui, se renouvelant chaque jour, causent les plus grandes inquiétudes. Il est d'autant plus essentiel d'obtenir promptement la levée de la révocation de la défense du transit libre, que j'ai appris que le Sr Magnière, un enragé de la première espèce dans la partie des douanes, a déjà menacé de faire la même défense, pour le pont du Rhin ou Strasbourg, en Allemagne, et vice-versa. Il est affreux comme nous sommes vexés de tous côtés, et quels chagrins on nous cause, et par là, à moi en particulier ».

Frédéric-Eugène dit ensuite, « qu'il regrette et regrettera toujours que l'affaire du déficit et des indemnités ne soit pas terminée, lorsque le S᷅ᵐᵉ duc régnant, son très cher frère, était à Paris, où il désiroit lui même que tout finisse et soit arrangé, car la S᷅ᵐᵉ Maison de Wurtemberg obtenait des conditions très avantageuses, ou en viendra certainement à d'autres, moins favorables.

« De plus, si la maison de Wurtemberg, ajoute-t-il, avait traité isolément, on l'aurait regardée comme amie de la France, tandis que maintenant, on la traitera en ennemie. J'avais prévu tout cela, et surtout que le soutien de l'empereur ne serait pas efficace. La perte en sera pour la S᷅ᵐᵉ maison de Wurtemberg et pour moi ». — Le prince ne se trompait pas.

Les rapports commerciaux entre Bâle et Montbéliard étaient actifs. Si, de tous temps, ses compagnons de corps d'état se rendaient de préférence en Suisse et en Allemagne pour se perfectionner, la France leur étant à peu près fermée pour cause de religion, c'est Bâle spécialement qui était choisi pour les jeunes négociants.

Le S᷅ʳ Fries, marchand à Montbéliard, dont le fils était placé chez M. Preiswerk, lui écrit une lettre curieuse au point de vue que nous envisageons, montrant d'une part l'attachement des Montbéliardais pour leur prince et d'autre part à quoi, sous l'aiguillon de la douleur et des intérêts lésés, ils en arrivent.

LE Sʳ FRIES, MARCHAND À MONTBÉLIARD, À SON FILS À BALE.

Montbéliard, le 18 avril 1792.

Les affaires aujourd'hui sont peu lucratives, les ventes sont ingrates, et pour surcroît de nos maux, à la suite d'un décret de l'Assemblée nationale, nous allons perdre le transit à travers l'Alsace. Cette circonstance fatale, le plus grand malheur qui ait pu arriver à notre commerce, plonge tous les honnêtes gens dans la consternation.

Nous avions députe au Directoire du département, à Strasbourg, M᷅ʳˢ Sahler père (1) et Ferrand fils, sous l'horloge (2), pour faire des réclamations et tâcher de nous

(1) Georges-Samuel Sahler, homme actif et entreprenant, filateur de coton, négociant en fers et banquier. Il est question de lui dans les lettres de Voltaire publiées récemment.

(2) Le Sʳ Ferrand, potier d'étain, maître bourgeois en chef, qui plus tard, accueillit de la façon que l'on sait le conventionnel Bernard de Saintes. Il habitait sous l'horloge située à l'entrée de la rue des Febvres.

faire rendre le transit, au moins jusqu'à ce qu'on ait prononcé sur notre sort relativement à l'assimilation demandée ; mais ils n'ont pas seulement obtenu un appointement.
Ils sont de retour dès samedi, et la Société a été convoquée
pour entendre leur rapport, désolant pour la patrie.

Dès lors, notre ville se voit menacée par une foule de
séditieux, qui font circuler une pièce odieuse, qu'on porte
de maison en maison pour la signer, on y développe un
esprit de révolte alarmant et on y déclare ouvertement
vouloir se donner à la France. Ceux qui refusent de
signer sont menacés avec audace. Je le laisse à penser
dans quelle attente on est en général, etc.

(Arch. Nat., K 1908)

Les bonnetiers de Montbéliard, d'autant plus nombreux que
le règlement de leur compagnie leur interdisait d'avoir plus de
quatre métiers, et qui étaient renommés pour leur fabrication
consciencieuse, en bas, chaussettes, bonnets et mitaines, ne
peuvent, dès lors, plus travailler. Ils envoyaient, par tradition,
en empruntant une bande du territoire français, leurs laines
dans le Porrentruy, où on la filait à la main. Cette faculté leur
est retirée. Ils ne peuvent davantage expédier en France leurs
produits. Les tisserands, de même, sont fort gênés dans leurs
opérations. Les cuirs renommés de Montbéliard restent pour
compte aux malheureux tanneurs. Bien plus, on ne laisse sortir
les foins, sous prétexte qu'ils pourraient être utilisés par la
cavalerie des armées étrangères. Pour l'importation : « On va
même jusqu'à empêcher l'entrée chez nous de quelques boîtes
de fromage, de fruits et même de cerises, provenant de nos
villages des Bois (¹) », dit, dans une lettre à M. de Rieger, le
prince Frédéric-Eugène, et il ajoute : « Vous ne sauriez vous
imaginer combien les sujets de ces pays souffrent des entraves
que les bureaux et surtout les municipalités, mettent à la liberté
du commerce et du transit. Il y a plus, Monsieur, vous verrez
par l'exposé ci-joint des Srs Sahler et Verenet, qu'on vient
d'arrêter à Belfort deux paquets d'argent qu'ils faisaient.

---

(1) Les villages des Bois, localités très retirées, éloignés de toute circulation, étaient : Le Magny-d'Anigon, Clairegoutte, Frédéric-Fontaine, Etobon
et Belverne.

comme ci-devant, passer à Bâle, après s'être munis d'un acquit à caution au bureau de Chatenoy. Je vous prie de faire les plus promptes démarches pour obtenir la main-levée de ces sommes, qui sont des paiements de marchands à marchands et conséquemment des transactions de commerce, auxquelles il ne doit être apporté aucun obstacle ».

Se rapportant au même ordre de faits, en date du 15 juillet 1791, Frédéric-Eugène adresse encore à M. de Rieger de nouvelles doléances :

« On vient d'arrêter à Strasbourg une somme d'argent qui m'était envoyée du Wirtemberg, pour partie des rentes que je tire de ce pays-là. Vit-on jamais une voie de fait plus contraire au droit des gens, que l'Assemblée nationale de France a toujours respectés dans ses décrets ? Car, quoi qu'elle ait défendu pour le moment la sortie des espèces de France, elle n'a certainement pas entendu que celles qui viennent de l'étranger et qui sont destinées pour l'étranger, doivent être comprises dans cette défense, d'autant plus que dans le cas particulier, je ne puis leur substituer des espèces d'Allemagne, qui n'ont point cours dans ce pays...

« Je vous prie encore, Monsieur, de peser toute la gravité des circonstances où se trouvent depuis 6 mois les habitants de ce pays, qui ne peuvent absolument pas subsister ; les entraves insupportables qu'éprouve leur commerce, les dommages irréparables qui en résultent, l'incertitude de leur sort, la peine qu'on a de retenir des démarches auxquelles ils sont prêts à se livrer soit pour remédier eux-mêmes à leurs maux, soit pour s'en affranchir par l'émigration, l'injustice qu'il y a à leur refuser un transit sur le territoire de France, tandis que les Français en jouissent journellement sur la souveraineté de Montbéliard, injustice à laquelle on met le comble en ne permettant plus la moindre communication entre ce pays et l'étranger, comme la Suisse et l'Allemagne, et en arrêtant : gens, bétail, argent, denrées, malgré les passeports et les déclarations les plus formelles » (*Arch. Nat. K 1819*).

Le prince, comme tous les opprimés, a mille fois raison de se plaindre.

Les administrateurs du département du Doubs, ayant demandé au ministre, en date du 28 septembre 1792, si les voyageurs

en France, qui s'en retournent à l'étranger, si les négociants français qui, pour leur commerce, vont à l'extérieur, si
les prêtres insermentés qui sortent de la République, et si les
officiers Suisses qui retournent dans leur pays, peuvent sortir
de la République avec leur numéraire, le ministre répond que
chacun peut emporter ce qui est présumé nécessaire à ses
besoins dans son voyage, et à condition que ce soit de peu
d'importance. Quant aux armes, celles qui servent uniquement
à leur défense, peuvent leur être laissées.

On le voit, c'est un blocus en règle, c'est aussi, dans tous les
faits que nous avons rapportés un manque d'équité joint à des
procédés injustifiables, qu'emploie, vis-à-vis d'un petit pays
sans défense, le gouvernement d'alors.

Nous ne retiendrons, d'une lettre, en date du 5 juin, du
Baron de Rieger, qui noie d'habitude ses idées dans une trop
grande abondance de mots, et dont plus d'une fois nous nous
sommes permis d'élaguer la prose, que l'énonciation du fait
suivant : *L'abus de la force dépasse toute mesure.*

« On connaît assez ici les troubles de l'Alsace, dit-il, on craint
même des invasions du dehors ; mais on n'en va pas moins en
avant du nouveau système ! Il est inconcevable combien de
monde d'une certaine classe ont déserté Paris depuis le 18 avril.
Plusieurs du parti dominant ont envoyé leurs familles hors de la
ville et en pays étrangers. Il s'en sauve encore tous les jours,
chassés par une terreur panique d'une contre-révolution que
répandent les folliculaires.

« Je n'ai encore aucune nouvelle de ce qui se traite ou se traitera à la diète de Ratisbonne ».

Un dernier mot sur la question. Le Conseil de régence, assemblé le 22 avril 1792 sous la présidence de S. A. S., veut encore
espérer. Il prend une très longue délibération, demandant une
fois de plus au gouvernement français, l'assimilation tant de
fois réclamée, à défaut de laquelle le pays se meurt.

« C'est une grande injustice, dit-il, de priver les habitants,
dont la souffrance est extrême, de toute communication avec
l'étranger, contrairement aux avantages stipulés dans les
traités de paix, pendant que la ville de Besançon continue à
jouir de la faculté de faire flotter la plus grande partie de son
bois de chauffage sur une étendue assez considérable de la

rivière le Doubs qui traverse le Montbéliard. Enfin, la gène dans laquelle se trouve le pays est telle qu'il n'est plus possible de calmer les esprits ».

Mais comme il s'agissait là de politique et non d'équité ou de justice, choses paraît-il fort étrangères l'une à l'autre, même encore de nos jours, on n'en tient aucun compte.

La raison du plus fort est toujours la meilleure.

CHAPITRE VII

L'argent de Soleure arrêté à Belfort (1791-1792)

Le carton F⁷ 4401 des Archives Nationales nous a mis au courant de cette affaire, dont les détails sont peu connus, qui fut longuement discutée à l'Assemblée Nationale, et dont parle déjà sommairement le livre de M. G. Gautherot, intitulé : *Les Relations Franco-Helvétiques de 1789 à 1792.* Les archives de l'Etat de Soleure fournissant également des renseignements sur cette affaire, nous aurons recours, pour notre récit, à ces sources.

A une époque qui n'est pas précisée, le canton de Soleure avait prêté à la banque Rougemont, Hottinger et Cⁱᵉ, (1) de Paris, une somme de 480.000 francs, dont la provenance était sans doute, en totalité ou pour partie, les économies faites sur la solde de la garde suisse. Il avait été stipulé que le remboursement du prêt se ferait en espèces et pas autrement.

Le capital ayant été dénoncé, M. Mérian l'aîné (2), de Bâle, sur un ordre de Soleure, partit pour Paris pour s'occuper de la réception en espèces. Il fut aidé dans sa tâche par M. Surbeck, capitaine de la garde suisse.

(1) Les Hottinger, à Paris, encore aujourd'hui, sont du nombre des grands banquiers.

(2) D'après les renseignements que nous a fourni avec une grande obligeance M. le Dʳ Auguste Huber, la famille Mérian est originaire du Jura bernois. Une de ses branches vint s'établir au commencement du XVᵉ siècle à Bâle, où elle prospéra. Plusieurs de ses membres se sont distingués dans les arts, les sciences, la théologie et ont occupé des postes administratifs, d'autres se sont livrés au commerce et aux opérations de banque. Il y a une cinquantaine d'années, un Mérian a fait à sa ville natale en mourant, un don magnifique.

Les Preiswerk, mentionnés à différentes reprises au cours de ce récit, seraient originaires de la Hollande. Au XVᵉ siècle, ils sont à Colmar. En 1540, l'un des leurs obtient la bourgeoisie à Bâle, où ils sont encore fort nombreux de nos jours, ayant fourni à leur ville d'adoption, des négociants, des industriels et des théologiens.

L'argent compté et mis dans dix-sept solides caisses, quitta Paris. Arrivé le 20 juin 1791 à Bar-sur-Aube, il est arrêté, puis, pas mal de temps après, à la suite de bien des pourparlers, rendu, au vu de pièces officielles qu'on a pu se procurer, établissant la légitimité et la régularité du transport.

Sans incident, les précieuses espèces traversent les départements de la Haute-Marne et de la Haute-Saône.

Le 15 août, elles arrivent à Essert, près de Belfort, et c'est à grand peine qu'on peut les faire parvenir de ce village dans cette dernière ville.

On ne tarde pas à y répandre le bruit que ce trésor est destiné aux émigrés. La fermentation des esprits est telle que le brigadier de gendarmerie Martin, après avoir pu déposer, non sans peine, dans le but d'éviter le pillage, les caisses à l'hôtel de ville, est obligé de s'enfuir pour mettre ses jours en sûreté.

Le directoire du district intervient. Il donne ordre à la municipalité de laisser sortir du royaume les caisses en question, leur destination étant licite, et il lui recommande à cet effet les précautions nécessaires.

Le comte du Lau, qui est de retour à Belfort, est requis de fournir un détachement de douze chasseurs à cheval, commandé par un sous-officier, pour escorter le convoi jusqu'à Altkirch. La précaution était d'autant plus nécessaire que, suivant une lettre de M. Mérian au ministre, la possession du trésor était convoitée par les communautés voisines. On avait compté les soi disant millions à Belfort et il avait été reconnu que les dix-sept caisses contenaient, tout comme à Bar-sur-Aube, quatre-vingt mille écus de six livres.

Mais le maire, toujours en opposition avec les administrateurs du district, est d'un avis opposé. La garde nationale, échauffée, et qui n'a que la plus vague notion d'obéissance aux ordres supérieurs, se réunit, et, encouragée par son propre commandant, déclare qu'elle fera une résistance ouverte au départ. Les aspirants à la députation haranguent le peuple et

(1) Metzger (Jean-Ulrich), d'une famille patricienne, de Colmar, fut employé quelques années plus tard par le gouvernement français dans les transactions qui aboutirent à la réunion à la France de la République de Mulhouse. Il sut les mener à bien et même s'attirer la reconnaissance des citoyens de cette ville, qui lui firent présent d'une pièce d'orfèvrerie, conservée encore aujourd'hui chez une de ses descendantes, à Beaucourt. Les Mulhousois célébrèrent avec éclat, le 15 mars 1798, l'heureux événement en question.

enflamment la ville et même les communautés voisines. Ils ne
sortent là point de leur rôle. Dans ces conditions, les ordres
supérieurs ne peuvent être exécutés, et le départ des espèces
est ajourné. — Que faire ?

Le gouvernement, dont on méconnaît ainsi les instructions,
envoie alors à Belfort le Sr Metzger (¹), membre du Directoire
de Colmar, avec mission de solutionner l'affaire.

Voici le rapport, qu'après visite, Metzger adresse à ses
collègues :

M. METZGER, MEMBRE DU DIRECTOIRE DU DISTRICT DE COLMAR,
A MM. LES ADMINISTRATEURS COMPOSANT LE DIRECTOIRE DU
DÉPARTEMENT DU HAUT-RHIN.

Belfort, le 28 septembre 1791.

Vous verrez, Messieurs, par le procès-verbal que j'ai
l'honneur de joindre à la présente, que la fermentation à
Belfort, est au comble ; j'ai fait venir les crocheteurs et
tous ont positivement, et d'une manière très forte, déclaré
qu'ils ne chargeraient absolument point. Il y a un de leurs
camarades en prison, dont ils ont réclamé l'élargisse-
ment. Vous ordonnerez, Messieurs, ce que vous trouverez
bon relativement à ces pauvres gens égarés. Tout le peuple et tous les environs de Belfort sont prévenus et
croyent fermement que l'argent qui a été arrêté doit partir
pour les aristocrates, et il est impossible de leur arracher
cette idée. Je crois pouvoir vous confier qu'il m'a été dit
bien positivement que le peuple s'attend à recevoir des
nouvelles directes de l'Assemblée nationale, ou au moins
de la députation d'Alsace. Je ne puis pas certiorer que des
personnes à Paris n'ayent entretenu cette idée; mais ce
qui est très positif, c'est que, sans de grands malheurs,
l'argent ne partira pas. Je suis déterminé à inviter quelques compagnies des gardes nationales du camp de Cernay
à se rendre icy et à accompagner le convoy ; je prévois
des scènes qui peuvent être chaudes, puisque l'on ne veut
pas s'expliquer sur le sentiment de la troupe de ligne; je
n'ai pas encore parlé au commandant.

Le grand inconvénient sera de charger, car personne ne veut s'y prêter, et il faudra pour cet effet m'envoyer des personnes de Colmar, ou je désespère de la commission.

J'ai une proposition à vous faire, Messieurs, qui pourroit prévenir des malheurs et sauver le respect dû aux administrations. Je pense que le département, dans la vûe de prévenir des insurrections et peut-être le pillage de l'argent qui seroit en route, pourroit demander à la députation d'Alsace une proclamation par laquelle le peuple seroit certiore que cet argent doit nécessairement passer en Suisse, et que le décret rendu pour l'argent détenu à Bar-sur-Aube regarde la ville de Belfort comme le district de l'Aube. Comme une très grande partie du peuple attend des nouvelles confirmatives sur ce décret de la part de nos députés ou de la nouvelle législature, le but seroit rempli, les têtes se calmeroient, et l'on préviendroit des malheurs.

J'attends, Messieurs, avec le retour du courrier, vôtre réponse, qui tracera la conduite que j'aurai à suivre, puisse-t-elle, en temporisant, prévenir des désastres. Je dois, Messieurs, vous rendre le compte le plus avantageux sur les dispositions dans lesquelles j'ai trouvé Messieurs les officiers municipaux, ils ont tous éprouvé tous les moyens pour faire revenir le peuple, ils ont mis un crocheteur en prison, et vous êtes priés, Messieurs, de statuer sur son sort.

Metzger.

(*Arch. Nat. F⁷ 4401*).

Le Directoire du Haut-Rhin avait rendu, en date du 26 septembre, un arrêt ordonnant le chargement des caisses. Malgré cela, Metzger, sans résultat, est encore à Belfort un mois après. Il s'est laissé circonvenir. Si le mot pouvait s'employer dans le langage écrit, nous dirions qu'il *flanche* et trouve le cas douteux. Avec une faiblesse regrettable, après avoir agi, il se récuse, et se laisse aller à écrire : « que bon patriote, *il veut conserver ses jours pour la patrie, et qu'après tout, on n'a pas le courage à sa commande* ». Au moins est-il assez franc pour dire ce qu'il pense. Voici sa lettre :

M. Metzger a MM. les Administrateurs composant le Directoire du département du Haut-Rhin, a Colmar.

Colmar, le 27 octobre 1791.

Messieurs,

J'ai l'honneur de vous adresser le procès-verbal relatif à la commission dont vous avés bien voulu m'honorer.

Vous avés laissé à ma prudence les moyens pour faire exécuter la loy du 1er août, j'étois prêt à y employer la force, mais je me suis convaincu que je ferois périr des citoyens qui sont peut-être de bonne foy.

Ils prétendent que la loy du 1er août est révoquée par celle du 28 septembre. Peut-être n'est-ce qu'un subterfuge ; mais, Messieurs, si un seul citoyen devoit périr en invocquant la loy, je m'en ferois un crime. Si vous persistés, Messieurs, à faire exécuter le transport de l'argent, sans attendre une décision de l'Assemblée nationale que les citoyens du district de Belfort provoquent, vous permettrés que je me récuse comme commissaire.

J'ai déjà dû être pendu pour avoir voulu forcer l'opinion, j'ai arrêté le malheur par ma fermeté ; mais comme on n'a pas le courage à sa commande, et qu'il me répugne de tyranniser mes concitoyens, que l'on peut ramener avec la loy qui pourra intervenir, je vous prie de choisir un autre commissaire, qui sera peut-être plus heureux, et je conserverai mes jours pour la patrie, qui pourra encore m'occuper avant mon trépas forcé. Je suis, avec les sentiments respectueux, Messieurs, votre très humble et très obéissant serviteur,

Metzger.

(Arch. Nat., F⁷ 4401)

Dans une troisième missive, Metzger se dit impuissant, à bout de ressources, il ne voit plus d'autre parti à prendre que d'inviter le général en chef à faire marcher sur Belfort un régiment entier, pour procéder au chargement et l'accompagner, car il se méfie des habitants. Il ajoute : « Nous n'avons eu, certes, qu'à nous louer de la manière vraiment zélée avec laquelle M. du Lau s'est empressé de nous seconder, et nous sommes très assuré que si nous avions requis la force publique, tous les commandants se seraient sacrifiés pour l'exécution de la loi ».

Tout commentaire affaiblirait l'effet de cette déclaration.

— L'exécution de la loi ? — Elle est également invoquée dans une affiche manuscrite, illustrée d'un beau pendu qui se balance, et qui, certainement, représente Metzger, pièce qui fut, à ce moment, apposée sur les murs de Belfort :

CITOYENS,

Voici le moment de montrer votre fermeté et votre obéissance à la loi, mais non cette loi, que nous ignorons et qui protège l'armée noire. Tremblez !

— Aristocrates à la lanterne !

Comment le départ des écus eut-il lieu ? Clandestinement sans doute. On attendit que l'effervescence occasionnée par cette affaire fût calmée, plusieurs mois probablement. Les registres de Soleure ne donnent aucune date précise à ce sujet. Mais entre le départ de Paris et l'arrivée à Bâle, il s'écoula sans doute un an.

En tout cas, le procès-verbal du 21 juin 1792 de la Chambre des Finances de Soleure nous montre que l'affaire est terminée à ce moment. Il y est dit : « Nous estimons que M. Mérian aîné, de Bâle, qui, après le mandat qui lui avait été donné le 4 juin 1791, s'est chargé d'aller chercher et recevoir les sommes déposées et placées à intérêts, à Paris, chez M. Rougemont-Hottinger et Cⁱᵉ, n'a pas été suffisamment indemnisé pour ses services. On lui avait accordé deux pour cent sur la somme entière, plus cent louis d'or pour frais de voyage. Mais il n'a rien reçu pour sa peine, rien pour une absence de six semaines, la dépense de son long séjour à Paris et pour le danger qu'il a couru. Il appartient à Vos Excellences de voir comment vous voulez le remercier ».

Espérous que M. Mérian, qui, pour une opération se présentant dans des conditions ordinaires, avait stipulé une assez jolie commission, fut cependant convenablement rémunéré, ayant finalement conduit à bien, malgré les troubles, cette affaire pleine de difficultés.

CHAPITRE VIII

Le Séjour à Bâle de Frédéric-Eugène

Charles Alexandre (1684-1737), fut le onzième duc régnant de Wurtemberg. Il laissa trois fils qui, successivement occupèrent le trône ducal. A différentes reprises, nous avons parlé de l'aîné, Charles-Eugène et, au cours de ce récit, son nom reviendra encore plusieurs fois sous notre plume. Ce prince eut une façon bien spéciale de montrer son attachement au pays de Montbéliard. Chaque fois que, de ses nombreuses maitresses ou d'une union passagère lui naissait un fils, il le faisait nommer *Monsieur de Franquemont*, nom de l'une des anciennes seigneuries du Pays, passée sous la domination des Princes-Évêques de Bâle (*Mémoires de Mme d'Oberkirch, chap. XXXI*).

Un détail amusant peut nous montrer encore que le pays était peu considéré en Allemagne. En 1742, à l'Université de Tubingue, le cachot se nommait le *Trou* ou le *Montbéliard* (¹).

Louis-Eugène (1731-1795), le second, ne laissa pas d'héritiers mâles et régna deux ans à peine. Quoiqu'il n'appartienne pas à l'histoire de la contrée qui nous occupe, voici quelques indications biographiques le concernant :

Nommé à dix-huit ans, en 1749, brigadier dans l'armée française, il était maréchal de camp en 1756, participa à la

---

(1) La jeunesse menait parfois joyeuse vie au cloître de Tubingue. Georges Eberhard Méquillet, nom de famille qui revient pour la troisième fois sous notre plume, nous raconte dans son carnet universitaire, qu'il fut une fois, huit jours durant, dans le *Montbéliard*, mais *avec plaisir*, car, étant sorti plusieurs fois du cloître par un chemin détourné, c'est la *réjection*, dit-il humblement, qu'il avait méritée.

Cette punition ne l'amenda pas complètement, car l'année suivante, bien qu'on eût barricadé la porte, ils sortirent, Straus, Mergenthaler, Scheissler et lui, « *avec basses et violons, et nous fîmes des musiques pendant la nuit dans toute la ville* ». Coût à chacun, pour cette manifestation intempestive de leurs talents musicaux un séjour dans le *Montbéliard*.

conquête de Minorque et reçut la croix de chevalier du Saint-Esprit. Puis, lors de l'explosion de la guerre de Sept-Ans, il obtint du roi de France la permission d'entrer comme volontaire dans l'armée autrichienne.

Louis-Eugène était fort goûté dans la société de Paris. Il aimait le sexe et la vie joyeuse, menait, pour un jeune homme, grand train. On ne lui reprochait qu'une forme d'esprit contestable, l'habitude de faire à tous propos des calembours. Un rapport de police, lui donnant à tort le titre de prince de Montbéliard, dit que chez lui, rue St-Honoré près les Jacobins, c'est une véritable maison de jeu.

Toutefois, les années et le mariage modifièrent profondément ses goûts. Il se retire en 1763, à Renans, aux portes de Lausanne, d'où il écrit à Voltaire, avec lequel il entretenait une correspondance suivie, que c'est pour y vivre « en veste ». Il ajoute : « Encore suis-je heureux, quand je me trouve vers la tendre épouse qui a su fixer mon cœur. Elle est simple, ingénue, pleine de douceur, de sens et de vertus. Nous nous aimons avec une ardeur égale, de jour elle est mon amie, la nuit je suis son amant. et nous ne nous souvenons du titre d'époux que parce qu'il constate notre bonheur et que nous chérissons également tous les liens qui nous unissent ».

Voilà un prince étranger qui, en français, tourne ses phrases à la perfection, en révélant une exquise sensibilité. — Fut-il toute sa vie aussi tendre, avouons que nous n'avons pas approfondi la question. De 1768 à 1777, il habita tantôt Hanau, en Allemagne, tantôt Charonne, faubourg de Paris.

Cet homme, auquel tous les bonheurs semblaient destinés, trépassera doucement et subitement, sans s'en douter, en 1795, atteint d'un coup de sang, au cours d'une promenade, dans le voisinage de son château.

Cette mort faisait arriver au trône Frédéric-Eugène. Mais au moment où nous avons interrompu notre récit, nous ne sommes qu'en 1791.

Alors, depuis deux ans, la vie est dure pour le prince ; il lutte avec acharnement. Le Wurtemberg le laisse sans secours. Le gouvernement français ferme l'oreille à ses réclamations. Dans la contrée dont il a l'administration, l'ordre est difficilement maintenu. Certes, il n'est plus jeune, mais

toute sa vigueur ne l'a pas abandonné. Un caractère moins
fortement trempé eût fléchi plus tôt. — Atteint! il l'était
de toutes façons : par l'absence prolongée de sa famille,
dont la prudence, maintes fois, avait exigé l'éloignement ; par
l'abandon politique que nous venons d'indiquer; et au-dessus
de tout, peut-être, par le mal que, sans qu'il lui fût possible
d'y porter remède, on faisait à son pays d'adoption, à cette
ville qu'il affectionnait et dont, dès le commencement des
troubles, avec élan il s'était déclaré bourgeois, quoique prince
de Wurtemberg.

Pour les causes que nous avons énumérées, l'état de ses
finances était déplorable : plus de redevances seigneuriales et,
en regard, des charges militaires inusitées.

Aussi avait-il dû supprimer le luxe inutile de sa petite cour,
dont l'effectif, par suite de décès, était réduit. A peu de
distance l'un de l'autre, étaient morts le baron de Borck,
chambellan, et la baronne son épouse, dame d'honneur. Comme
témoignage d'une estime particulière de la famille ducale,
leurs corps avaient été déposés dans les caveaux de l'église du
château, ce qui n'était pas précisément leur assurer un repos
éternel, car peu de temps après, les sépultures princières
furent violées, les cercueils fondus, puis transformés en balles
de fusils, à l'exception de celui du comte Georges, qui, étant
en cuivre doré, fut réservé pour d'autres usages.

Ce qui, dans son esprit, portait au comble l'infortune du
prince, était de ne savoir que répondre aux justes doléances de
ses sujets, molestés comme ils l'étaient par les récentes mesures
douanières prises par la France et dont nous avons vu l'effet au
chapitre précédent. Aussi, tout bien considéré, il prit le parti
qui, dans son esprit, n'était que temporaire, de se retirer à
Bâle, d'où il aurait encore l'œil sur Montbéliard, sans en entendre chaque jour les cris perçants.

Le dernier souper qu'il prit dans son château sombre et désert,
— il en avait successivement congédié le personnel, — fut particulièrement lugubre. Seul il se mit à table, et à l'issue d'un
sommaire repas, appela ses derniers serviteurs, les Srs Merckel-
Goll, cuisinier, et l'aide de celui-ci, F. Retté, leur annonçant
qu'avant la pointe du jour, accompagné de quelques cavaliers,
qui le suivraient jusqu'à la frontière suisse, il quitterait le
comté, puis les invita à venir séparément le retrouver à Bâle.

Comme celà était convenable pour le public, il colora son départ d'un prétexte, et avec ordre de ne la porter qu'après son départ, il prépara pour le Conseil la note suivante qui fut remise en main propre au président du Conseil, par le concierge du château.

FRÉDÉRIC-EUGÈNE AU PRÉSIDENT DU CONSEIL A MONTBÉLIARD.

Le 6 août 1791.

Allant à Bâle, où j'ai des affaires, et voulant y rester quelque temps pour y voir, à leur passage en Suisse, LL. AA. R^{les} le prince et la princesse Ferdinand de Prusse, mes beau-frère et belle-sœur, la correspondance entre le Conseil et moi et le mode de traiter les affaires doit être cette fois-ci la même que lors de mon séjour à Schinznach.

Ce que le Conseil adressera sera mis sous une seconde enveloppe à l'adresse de M. Luc Preiswerk, négociant près de la douane, à Bâle.

Pour éviter les désagréments auxquels j'aurais peut-être été exposé en passant par Belfort, j'ai cru devoir prendre un chemin détourné et faire en secret le voyage.

(Arch. Nat., K 1794).

Nous avons cherché à nous documenter sur l'emplacement exact de ce séjour du prince, en 1791-1792, à Bâle, et nous avions songé d'abord à l'auberge célèbre des *Trois Rois*, dont le registre d'inscription des étrangers de marque existe encore, mentionnant le degré de leur générosité au départ. — Cette recherche ne donna pas de résultat.

Nous avons pensé ensuite tout naturellement à la grande maison entourée de nombreuses dépendances et accompagnée d'un beau jardin, appartenant à la famille Burckhardt, qui subsiste encore aujourd'hui, sous le nom de *Württemberger Hof*. Mais cette supposition n'était pas plus fondée que la précédente, car les princes de Wurtemberg, à ce que nous avons appris, ne bâtirent point cet hôtel, mais l'achetèrent vers 1610, de Gédéon d'Ostein, dont on voit encore, au haut de la cage du grand escalier, les armoiries sculptées. Cette famille ne la posséda guère qu'une trentaine d'années. Au moment où nous

sommes, depuis longtemps elle avait passé en d'autres mains.
Bien que n'étant pas de première importance, le problème nous
passionnait, et c'est aux archives de Bâle que la solution a été
trouvée. Frédéric-Eugène avait loué de M. Jean-Jacques Mérian,
non loin de la maison dont nous venons de parler, le bel
immeuble que ce patricien possédait, à l'ombre de la cathédrale
et dominant le cours majestueux du Rhin, au n° 17 actuel de la
Rittergasse. Il y arriva le 8 août 1791. — Pendant l'hiver, il y
reçut la visite de son fils Eugène et de sa bru. Ce dernier, à la
suite de ce séjour, par une lettre datée d'Œls, en Silésie,
demanda le 13 décembre 1792, au Conseil de Bâle, de vouloir
bien être le parrain de son jeune fils, en raison de l'accueil qui
lui avait été fait l'année précédente. Le Conseil s'est conformé
à ce désir et a envoyé à son filleul une épée en or, dit le registre.

Mais revenons au départ de Montbéliard.

Parvenu sans autre incident sur le territoire suisse, le prince
adresse à son Conseil une nouvelle lettre, qui nous fera voir
combien mouvementé, en présence d'une douane hostile et d'une
troupe de paysans qui le poursuivent, avait été son départ.

FRÉDÉRIC-EUGÈNE AU CONSEIL A MONTBÉLIARD.

Basle, le 9 aoust 1791.

Messieurs !

J'ai le plaisir de vous faire savoir que je suis arrivé
hier ici en bonne santé et sans inconvénient. Je ne sais
pas encore pour combien de temps je serai retenu ici.

J'y ai acquis de nouvelles preuves de la nécessité
révoltante où j'ai été, de partir secrètement et de passer
de nuit au travers des bois, pour pouvoir aborder en
Suisse. M. Jaquin et Mad. Dulys ont éprouvé toutes sortes
de vexations en route, malgré qu'ils fussent munis de
bons passeports : on a pris au premier de l'argenterie
qu'il avoit avec lui, et l'un et l'autre ont été conduits
militairement, et à leurs frais, à Huningue, où on les a
détenus, sous prétexte que leurs passeports ne valoient
rien.

Les chasseurs qui m'avoient accompagné jusqu'à Abévillers ont eu bien de la peine à regagner le logis, et ce n'est qu'en se sauvant à travers les champs d'avoine qu'ils ont échappé aux gens de Vandoncourt et aux troupes de ligne qui les guettoient dans les bois pour tomber sur eux.

J'ai appris que des Peugeot de Vandoncourt et le maire d'Erimoncourt, qui est aussi un Peugeot, ont commis tout récemment des infamies à mon sujet, dont je vous prie, Messieurs, de vouloir bien rechercher sous main la vérité et les détails.

Je me persuade, Messieurs, que le Conseil aura répondu en mon absence à la dernière lettre de M. de Rieger, dans le sens de l'apostille que j'ai mise au protocole de samedi dernier.

En me référant à ce que j'ai écrit au Conseil au sujet de mon départ, et de la correspondance régulière pour le courant des affaires, et extraordinaire, lorsque le cas l'exigera, je vous prie, Messieurs, de me croire dans les sentimens de la considération la plus parfaite et de l'amitié la plus sincère, avec lesquels j'ai l'honneur d'être,

> Messieurs,

Votre très humble et tout dévoué serviteur et bien bon et très sincère ami,

> *Frédéric-Eugène, Duc de Wirtemberg.*
> *(Arch. nat., K 1908).*

Dans la lettre de M. de Rieger dont il est parlé ci-dessus, ce diplomate, financièrement aux abois tout comme son prince, entre dans de nombreux détails, qui font toucher du doigt la difficulté matérielle de vivre alors à Paris, montre la complication des rouages politiques et signale le désordre qui règne dans la machine gouvernementale.

Question moins importante, on y voit que des ordres ont été donnés pour le libre passage, au travers des douanes, des meubles que le prince a l'intention de faire transporter à Bâle.

LE BARON DE RIEGER A FRÉDÉRIC-EUGÈNE.

> *Paris, le 2 Août 1791.*

J'ai eu l'honneur des deux lettres très gracieuses de

Votre Altesse Sérénissime des 24 et 29 du mois passé. Elle me permettra que je renouvelle mes très humbles représentations sur le grand embarras où je me trouve par un retard de payement de mon quartier de pension de la St-Georges échu, et auquel je ne saurois parer d'autant moins en ce moment, que je n'en ai pas eu la moindre signification antérieure (¹), et que, comme j'ose l'en assurer sur mon honneur, je me suis épuisé dans mes propres moyens pour atteindre le bout de ce terme.

Tout a renchéri, en comestibles, fourages et marchandises, à fur et mesure des pertes qu'essuyent les effets publics et le papier monnoye. J'ai perdu cet hiver deux chevaux, il m'a fallu renouveller mes voitures, et une neuve me coûte 3.000 fr. sans la caisse et les ressorts, que j'ai fourni à part. Il y a un quartier de loyer à payer sans délai, si je ne veux pas perdre mon crédit et m'exposer à mille avanies, car mes fournisseurs et contractants n'entendent pas se laisser ajourner pour le payement en raison du déficit de Montbéliard, dont, ni eux ni moi, ne sommes la cause. Ainsi, je supplie V. A. Sᵐᵉ de me tirer de mes anxiétés

Le Sᵐᵉ Duc n'a pas encore daigné de m'accorder une réponse d'ordre sur la demande de mon rappel, et quoique j'eusse écrit à M. Pfaff pour un acompte de mes restans à la caisse générale de Stouccard, en lui exposant ma triste position, je manque également de ses nouvelles. Je suis ainsi malheureux de tous côtés, quoique ma conscience me dise que je n'ai manqué en rien à mon devoir.

J'ai eu l'honneur de vous mander, Monseigneur, sous date du 22 du mois passé, que les ordres ont été donnés pour la transportation libre de ses meubles et effets. J'en

---

(1) M. de Rieger fait erreur. Le 24 décembre Frédéric-Eugène lui avait écrit : « Il est infiniment désirable que nous obtenions l'assimilation douanière, car notre état de souffrance est extrême et je vous prie de faire tout au monde pour l'obtenir.

« Que vous n'ayez pas de secrétaire ou de copiste me surprend, pour un ministre qui a près de 30 m. l. de revenu.

« Si vous n'obtenez pas le déficit ou s'il n'est pas payé par le Wirtemberg, personne ne pourra plus être payé. Les revenus de la Recette manquant, tout sera sans ressources ».

ai fait part sous même date au Conseil de Montbéliard. Quant aux autres sujets, rien n'a pu encore se finir. Comme l'assimilation en est un des plus importans, et qui couperoit court à un grand nombre de vexations qui en dérivent, je n'ai cessé de frapper à toutes les portes, et j'ai obtenu à la fin, par mes courses et mes instances, de mettre cette affaire vendredi au plus tard sous les yeux de l'Assemblée Nationale, M. Dumouriez et M. de Clavière s'étant engagés de la seconder favorablement.

On n'a pas idée, Monseigneur, de l'enchevêtrement des affaires et de la confusion qui en résulte dans les départements ministériels.

Depuis le 17 avril, M. Dumouriez, harrassé de travaux, n'a pu recevoir le Corps diplomatique. J'ai vu aujourd'hui une chose que je n'aurais pas crue si je n'en avais pas été le témoin oculaire : M. de Vibraye, ancien ministre du Roi à Stouccard, nommé à Copenhague en dernier lieu, pressé par le ministre lui-même de partir au plus vite, a fait ses malles à la hâte, et les chevaux de poste étaient mis ce matin à ses voitures, lorsqu'on lui fit dire que l'expédition de ses lettres de créance n'avait pu être terminée, quoiqu'il la pressa depuis trois semaines, en conséquence qu'il avait à remettre son départ au lendemain. Si de telles choses arrivent en de telles occasions, Votre Altesse S^{me} jugera du reste !

Je prie Dieu pour un heureux voyage de VV. AA. S^{me} et Royale, me mets à leurs pieds, et suis, avec de très profond respects, Monseigneur, de Votre Altessse Sérénissime, le très humble, très obéissant et très soumis serviteur,

E. de Rieger.

(Archives Nationales, K 1819).

Les comptes de l'année précédente, envoyés en temps utile à Stuttgard et présentant un déficit important, ce n'est qu'à ce moment, au mois d'Août 1791, qu'on en reçoit le montant à Montbéliard. Ainsi il est à supposer que M.' de Rieger put attendre longtemps le paiement de son quartier.

A ce séjour du prince à Bâle se rapportent quelques menus faits, intéressants cependant.

Exilé momentanément, privé de ses occupations journalières.

il se résigne difficilement à l'inaction, à voir toujours de sa fenêtre, couler les flots du Rhin. Ayant besoin de changer de place, il se rend en Allemagne. A son retour, il manifeste le désir de faire acte de présence à Montbéliard et écrit à son Conseil pour lui faire part de sa prochaine venue.

« Je viens d'apprendre, dit-il, en arrivant à Bâle, que les bourgeois de Montbéliard, instruits de mon retour, voulaient venir à ma rencontre. Je vous prie, Messieurs, de témoigner à la Bourgeoisie, combien je suis sensible à cette attention et dire que je les prie de ne point se déranger au sujet de mon arrivée, que je désire faire dans un parfait silence, leur tenant aussi bon compte de l'intention que du fait (*Arch. Nat., K. 1794*).

Pendant trois semaines, du 22 Septembre au 12 Octobre, Frédéric-Eugène séjourne à Montbéliard, qu'il ne quittera pas sans adresser à ses bons bourgeois, une aimable lettre que l'on trouvera au nombre de nos pièces justificatives, ainsi que la réponse de la Bourgeoisie. De ces deux pièces se dégage une impression d'estime et de confiance réciproques qui est à noter.

De Bâle, le prince correspond avec M. de Rieger et lui manifeste le regret que M. Lavie ne soit plus député, attendu que pour les questions de douane il pourrait lui rendre encore des services comme ce fut le cas lorsque le prince fit venir de l'étranger des grains pour la subsistance du pays, mesure par laquelle il l'a sauvé, mais à son détriment, de la famine, car de grands frais sont retombés sur lui.

C'était en 1789.

Puisque cette question d'approvisionnement est évoquée ici, disons, qu'au même moment, les bourgeois eux aussi, s'en étaient occupés. Dans les archives municipales de Montbéliard (Série CC, article 104) se trouve une pièce relative à ce sujet.

Il en résulte que pour répondre aux instantes réquisitions des Trois Corps de la Ville, les S^ts anciens maîtres bourgeois Sahler et Duvernoy s'étaient rendus à Bâle pour y contracter, au nom de la ville, un emprunt de cinquante mille livres en vue d'achats de grains.

Moyennant la caution du Sr Nicolas de Luc Preiswerk, le louable Directoire de Commerce fit l'avance. Mais Preiswerk, se méfiant de la moralité des corps constitués, exigea en plus, la caution personnelle des dits sieurs Sahler et Duvernoy plus, une troisième encore, celle du Sr Léopold-Frédéric Leconte, bien connu à Bâle en raison de ses relations commerciales. Tous trois, animés des meilleurs sentiments, se prêtèrent à cette formalité.

Les achats de grains, au cours du voyage, ont été effectués successivement à Bâle, à Tuttlingen, à Séefelden, à Angen et à Emmendingen.

Voici le compte des dépenses des mandataires, tel qu'ils l'ont établi, les frais de poste étant de beaucoup l'article le plus important :

Frais de voyage

L 341-5-9	pour frais de poste et tringelt.
51	payés au Sr Verenet.
71-68	pour tringelt aux auberges, ports de lettres, barbier et réparations à la voiture.
36	pour les chambres.
229-6-6	pour notre entretien pendant trente-six jours.
L 733-10-3	suivant l'état produit.

Comme remerciments, suivant un usage général, les dits sieurs furent soupçonnés par une partie de leurs concitoyens de ne pas avoir été fidèles. Pour pouvoir être réglés, ils durent prendre un avocat. Il fallut plaider.

Cependant dans les auberges, d'après le détail ci-dessus, on voit qu'ils avaient vécu modestement, moyennant trois livres quatre sols par jour. Le Sr Verenet, dont il est question, était le cocher qui les accompagnait depuis Montbéliard.

Le prince continue à donner libre cours à ses doléances. Il écrit à M. de Rieger :

« Depuis, on n'a jamais fait attention à ce pays ; ses sujets et aussi moi-même, sont exposés à des chicanes, vexations et impertinences presque continuelles. Je crois donc très nécessaire que, sans perdre un instant, vous demandiez un décret explicatif, décret par lequel les sujets de Montbéliard et notamment ma personne et les personnes à mon service, soient exempts de la teneur des articles concernant les passeports. Sans cela, les vexations seront portées au plus haut point et deviendront insupportables, pendant que ma présence à Montbéliard est si utile. Quoique je me fasse toujours, par précaution, donner un passeport de l'Etat de Bâle quand je m'y rends, on me chicanerait et on me traînerait devant les

municipalités de Bourgfeld et de Fesches-l'Eglise (¹) et Dieu
sait à quelles avanies je me trouverais exposé en route, où
chaque paysan garde national, m'arrêterait et me demanderait
mon passeport et celui de chacun des gens que j'ai avec moi. —
Quelle indécence, quelle vexation ne serait ce pas! »

Ce que Frédéric-Eugène redoutait, se produisit à l'un de ses
derniers voyages à Montbéliard. — Il en fit trois ou quatre en
tout. — Arrêté et fouillé, il donne l'ordre à M. de Rieger de se
plaindre au gouvernement Français. — La réponse se fait
attendre quatre mois. Elle semble écrite d'hier, avec cette
froide ironie encore de mode dans les administrations, — en
Royauté ou en République, peu importe, — quand on veut
poliment envoyer « à l'ours » son correspondant, qu'il soit
prince ou non. Si à Fesches, y est il dit, on s'est livré avec rigidité à de multiples visites concernant le contenu des voitures de
la Cour de Montbéliard, c'est dans l'intérêt même du plaignant
qu'on a agi, et pour ne pas fournir le moindre prétexte à une
fermentation populaire et aux suites qu'elle pourrait avoir. Le
ministre des Contributions publiques ajoute que, du reste, cette
plainte ne se comprend pas, car le prince, au nom duquel on
récrimine, loin d'être mécontent, *a, au contraire, marqué sa
satisfaction de ce traitement.*
Voici la lettre en question :

LETTRE DU MINISTRE DES CONTRIBUTIONS PUBLIQUES.

Paris le 8 juin 1792, l'an 4ᵉ de la Liberté.

Il m'a été rendu compte, Monsieur, d'un mémoire par
lequel M. le Baron de Rieger, ministre plénipotentiaire
de M. le Duc de Wirtemberg, s'étoit plaint de la rigidité
et de la multiplicité des visites que les préposés des
bureaux de Fesches-l'Eglise ont fait éprouver à M. le
Prince Frédéric de Wirtemberg, à son passage de Montbéliard à Basle, et j'ai vu que ces préposés qui, par égard
pour ce prince, se dispensaient de visiter ses voitures, ou
ne le faisaient qu'avec ménagement, étaient suspectés par
le Peuple, de laisser exporter du numéraire et de favoriser

(1) Bourgfeld, douane française, voisine de Bâle. Fesches-l'Eglise, douane
française, près de Monbéliard.

la fraude; que pour l'intérêt même de M. le Prince de Montbeillard, ils s'étaient rendus plus rigides, et *que, loin d'en être mécontent, il leur en avait au contraire marqué sa satisfaction.* Il valait mieux, en effet, remplir une formalité prescrite par la loi, que de fournir le moindre prétexte à une fermentation populaire, et s'exposer aux suites qu'elle aurait pû avoir. Je présume que cette observation paraîtra décisive à M le Baron de Rieger.

Le Ministre des Contributions publiques,
Clavière.

Pour copie conforme à l'original,
Le Ministre des Affaires étrangéres,
Dumourier.

(*Arch. Nat., K 1819*).

Remarquons que le prince allait de l'étranger à l'étranger et ne faisait que traverser une bande du territoire français.

Le 20 janvier, de Bâle, Frédéric-Eugène mande au Conseil : « Messieurs les conseillers Jeanmaire l'aîné et Parrot l'aîné sont arrivés ici hier matin. Après de longues conférences que j'ai eues avec eux, ils sont partis hier pour Stoutgard ».

Voici la raison de ce déplacement. La cassette princière, par continuation, se trouvant vide et incapable de satisfaire à ses charges, ces Messieurs allaient auprès du duc régnant, une fois de plus, et inutilement d'ailleurs, plaider et expliquer les causes du déficit, en demandant de nouveaux subsides.

Devant l'insuccès de ses mandataires, Frédéric-Eugène prend le parti de se rendre en personne auprès de son Sérénissime frère, mais il revient également les mains vides! C'est alors qu'il donne au Conseil une leçon d'arithmétique : « Pour ce qui concerne le paiement du quartier de M. de Rieger, il est impossible de faire des paiements là où il n'y a pas de fonds, et au moment ou le S^me duc régnant, mon très cher frère, paiera le déficit, les appointements de M. de Rieger seront aussi payés ».

C'était en vain, on le voit, qu'il avait cherché à faire comprendre à ce frère, qui, du reste, ne voulait rien entendre, que n'étant pas souverain dans le comté de Montbéliard, mais simple usufruitier, depuis un certain temps, très malheureux, ce n'était pas à lui, ni à en assumer la garde, ni surtout à en payer les frais. Charles-Eugène pense à ses chasses, à ses fêtes

et à d'autres distractions encore, telles que d'embellir les
inutiles châteaux de Mon-Repos et de La Solitude, qu'il a fait
édifier (1763-1767) par un architecte français.

L'année qui avait précédé ces pénibles réglements de comptes,
dans des circonstances qui ne paraissaient pas précisément
indiquées comme s'accordant avec un lointain déplacement, il
avait fait, au printemps, un séjour à Paris. Au sujet de ce
voyage, M. de Rieger, très ennuyé, lorsqu'il en avait reçu
l'annonce, avait fait part à Frédéric-Eugène de ses craintes :

« Je n'avais pas dissimulé dans ma réponse, à quel point
tous les ministres auxquels j'en avais parlé, furent surpris et
trouvent de l'extraordinaire à son apparition, à son séjour en
France, et à Paris, dans un moment de crise, d'anarchie et
d'effervescence tel que le présent. J'ai pris la liberté de lui
répéter ce que m'avait dicté mon zèle dans ma dernière du
2 mars, savoir que l'époque était, pour un prince souverain
étranger, un état continuel d'humiliation et de désagrément, et
qu'avec la meilleure volonté du monde, le gouvernement se
trouverait hors d'état de faire réparation et justice des avanies
auxquelles on se trouverait exposé à tous instants.

« En attendant, M. de Bœhemiun s'occupe ardemment de faire
ses représentations pour la réception du duc. Il est en marché
pour un loyer de l'hôtel de Montelon, sur le boulevard, de mon
côté (¹), un des plus beaux bâtiments de Paris, et il avance déjà
que L. A. S. resteront au moins quatre semaines en cette ville.
Ce séjour dérangera, à bien des égards, la marche de ma gestion ».

Le conseiller Jeanmaire, alors en mission à Paris, donne
la même note, il manifeste un étonnement extraordinaire de
ce que S. A. S. le duc régnant entreprenne un voyage en France
dans ces circonstances.

Les événements ne justifièrent pas ces craintes, cependant
légitimes, car il résulte d'une lettre du 22 mars de M. de
Rieger, que « S. A. S. paraît contente de son séjour, se plaît à
assister aux séances de l'Assemblée Nationale, accompagne
Madame la duchesse dans les spectacles, voit tout et se donne
beaucoup de mouvement. S. A. S. trouve la ville de Paris
peu changée et la police en bon ordre. Son séjour pourra bien
encore se prolonger quelque temps ».

(1) M. de Rieger habitait à ce moment dans la rue Caumartin.

Mais revenons à Bâle.

Bien qu'éloigné de sa résidence, Frédéric-Eugène ne perdait pas de vue Montbéliard. Il est peut-être intéressant de donner ici le texte de la dernière ordonnance, signée de lui, que l'on possède. Elle a trait, comme beaucoup d'autres, prises par ses prédécesseurs, à un mal invétéré, à l'ivrognerie :

Nous Frédéric-Eugène, duc de Wirtemberg, Stadhouder de la principauté de Montbéliard, etc., etc.

Ayant vu avec peine par la remontrance que les cinq juges du Pays Nous ont adressée, qu'une grande partie des causes portées devant les Justices proviennent de dettes de cabaret.

Considérant d'un autre côté les déréglements dans les fortunes qui ont eu lieu pendant les dernières années, et ne pouvant en attribuer la cause principale qu'à l'ivrognerie, considérant enfin que l'influence désastreuse de cette débauche sur l'industrie, le crédit, le commerce, et en général sur le bien-être des Sujets, et par là sur la Religion et les bonnes mœurs, et voulant remédier à ces abus, Nous avons, par suite de l'amour paternel que Nous portons à ce Pays et à ses habitants, statué et ordonné, statuons et ordonnons ce qui suit :

Article I.

Nous défendons à tout aubergiste, cabaretier et bouchonnier, ainsi qu'à tout particulier vendant vin, eau-de-vie, bierre et autres boissons, tant de la Ville que la Campagne, de donner à boire à crédit, en conséquence de quoi, toutes créances résultant de dettes de cabaret seront déclarées nulles et de nul effet et ne donneront à l'avenir lieu à aucune action de Justice.

Article II.

Les Maires et Forétiers (1) ne seront plus reçus aux enchères lors de l'adjudication des Angaux (2) et ne pourront tenir cabaret, sous quelque prétexte que ce soit.

Article III.

Il ne sera plus permis, à l'expiration des baux actuels des dits Angaux, d'établir plus d'un cabaret dans chaque village.

Chargeant le Procureur Général et autres Fiscaux et Officiers publics, de tenir la main à l'exécution des présentes. Lesquelles seront lues, publiées et affichées aux lieux accoutumés, afin que personne ne puisse se couvrir du prétexte de les avoir ignorées.

Mandant, etc.

       Frédéric-Eugène, duc de Wirtemberg.

Donné en Conseil le 10 mars 1792.

(1) Agents forestiers.
(2) On désignait sous le nom d'*Angal* la permission de débiter le vin en détail.

Abordons maintenant un autre sujet, la question des déménagements partiels et successifs.

Peu après son départ de Montbéliard, Frédéric-Eugène s'était fait suivre de son argenterie, de ses équipages, d'un certain nombre de meubles et d'effets précieux. Au commencement de 1793, un nouveau convoi de meubles prit encore la même direction, car le 1er mars, les commissaires de la République, de Porrentruy envahi, écrivent au président de la Convention : « On vient d'arrêter à Huningue un chariot chargé d'effets précieux appartenant au prince de Montbéliard. Pourquoi la Convention Nationale ne prend-elle pas un parti au sujet de ce petit pays de Montbéliard ? Pourquoi ne séquestre-t-on pas les biens du despote dont les terres sont enclavées dans nos départements et qui est devenu notre ennemi en fournissant son triple contingent ? On assure qu'il y a à Montbéliard 165 bons chevaux qu'on pourrait nationaliser ». (*Aulard, Recueil des Actes du Comité de Salut public*, t. II, p. 234).

A ce moment, tout espoir d'un prochain retour dans sa ville semble perdu pour Frédéric-Eugène. Il fait venir à Bâle l'importante batterie de cuisine de ses châteaux.

Il avait eu la pensée également de se faire suivre des Archives, ou tout au moins des pièces les plus importantes qu'elles renfermaient. Mais là, comme il s'agissait non d'une affaire personnelle au prince, mais de documents intéressant le pays tout entier, il s'était heurté cette fois à une résistance absolue du Conseil qui, très respectueusement, lui avait déclaré que des difficultés insurmontables rendaient ce transfert impossible. On trouvera, parmi nos pièces justificatives, la lettre parfaitement concluante de ce corps.

Lorsque sans bruit, comme il y était arrivé, Frédéric-Eugène quitta Bâle, en mai 1792, pour se rendre auprès de son frère Louis-Eugène à Hanau, ayant peine à se faire malgré tout, à l'idée d'un abandon définitif, il donna au Conseil des instructions détaillées pour qu'il fût, périodiquement et avec exactitude, tenu au courant des affaires (*Arch. Nat. K. 1909*).

CHAPITRE IX

La Prise de Montbéliard

Il est souverainement imprudent de tenter un voisin turbulent par l'apât d'une proie facile. Aussi, pourrait-on dire que l'abandon par Frédéric-Eugène de sa principauté, comme lieu de résidence, eût été une faute, si elle avait été volontaire. Au contraire, c'est contraint et forcé, qu'il avait pris cette détermination, qui eut pour conséquence l'invasion du pays. Cet événement se place au mois d'août 1792 et se produisit dans les circonstances que nous rapportons.

Malgré d'inlassables protestations de neutralité et de bon vouloir que fournissait le Wurtemberg, le bruit courait à Belfort que le prince de Montbéliard avait prêté aux ennemis de la France des secours, en armes et en argent. Les Belfortains, parmi lesquels les idées nouvelles comptaient de nombreux et chauds partisans, prenaient ombrage de la soi disant forteresse de Montbéliard, aussi formèrent-ils le projet d'aller désarmer le château, dernier refuge d'un régime condamné, et ils eurent bientôt arraché le consentement des autorités siégeant dans leur ville, dont nous avons déjà pu précédemment constater la faiblesse. Sans perte de temps, le 31 août au soir, ils envoient aux autorités des communes voisines, l'ordre de réunir le plus possible de gardes nationaux, sans leur indiquer au juste le but de l'expédition. Héricourt, localité relativement populeuse, était en tête. La lettre suivante y fut adressée :

Les administrateurs du District et de la Municipalité de Belfort, a Messieurs les Maire et Officiers municipaux et de la Garde Nationale, a Héricourt.

Le 31 août 1792, l'An IV de la Liberté et le 1er de l'Egalité,

Frères et Amis !

Nous venons d'être prévenus que les Suisses se disposent

à forcer le passage des gorges dont M. le général Ferriere défend l'entrée.

Les dispositions hostiles d'une nation qui s'était annoncée pour conserver avec la France une parfaite neutralité, sont une perfidie qui exige de la part des citoyens français l'emploi de tous les moyens dont leur énergie, leur patriotisme, les rendent capables.

Nous nous occupons du lieu de les mettre en mesure, persuadés que vous nous sauriez mauvais gré de ne pas vous instruire et de ne pas vous mettre en état de concourir à la défense de la cause commune.

Nous nous empressons donc de vous prévenir de l'état intéressant dans lequel nous nous rencontrons et nous vous invitons, en frères, à vous tenir prêts à marcher au premier avertissement.

Nous vous instruirons du lieu dans lequel nous comptons, avec confiance, sur vos sentiments fraternels.

Comment ne pas être enlevé par un appel aussi pressant ! A minuit, à Héricourt, réception d'une nouvelle lettre, demandant le départ immédiat des forces armées.

Résumons l'opération :

En exécution des ordres donnés par cette seconde missive, la fusion des différentes bandes doit se faire à Châtenois. Les villages de Byans, Tavey, Champey, Bussurel et Vyans, tous prévenus, y envoient leurs contingents. A cette troupe de garde-nationaux et de paysans, pour lui donner quelque figure, on avait joint un bataillon de la Côte-d'Or, cantonné à Giromagny, et un escadron de hussards de la garnison de Belfort.

Voici comment L.-C. Goguel, officier à ce moment de la cavalerie bourgeoise, rédigeant ses souvenirs en 1824, parle de cette expédition :

« En 1792, le 1er septembre, les Belfortois et habitants des environs, au nombre d'environ trois à quatre mille, tous gens levés à la hâte, les uns armés de tridents, les autres de bâtons et d'autres enfin de haches et de faulx (il n'y avait que la seule compagnie des grenadiers de la garde nationale de Belfort qui fut armée et en uniforme, le sac sur le dos), et commandés par le cafetier Marcon, s'avisèrent de venir rendre visite aux Montbéliardais ».

Un détail que ne donne pas Goguel, mais qui nous est fourni par M. Roy, est que parmi les assaillants, les gens d'Héricourt en tête, s'étaient munis de sacs, destinés, comme dans les temps anciens, à serrer le butin, dont chacun comptait bien s'emparer à Montbéliard.

Au point du jour, tout ce monde arrive à Chatenois et prend quelque repos. Les rangs étant reformés. Marcon explique à tous, cette fois-ci clairement, le but et la portée de l'expédition. Comme chacun le supposait du reste, c'était de s'emparer de la ville et surtout de l'orgueilleux château de Montbéliard. Par une harangue habile, il enflamme l'ardeur guerrière de ses hommes et donne le signal du départ.

Arrivée à deux kilomètres de Montbéliard, la troupe campe, néglige sur sa gauche Étupes, que l'on suppose bien défendu, mais qui en réalité n'était gardé que par une quarantaine d'hommes sérieusement armés, et commandés par le lieutenant Lalance. Puis la lettre suivante, hâtivement rédigée. est expédiée par trois parlementaires, à Montbéliard :

LE GÉNÉRAL MARCON A MM. LES MEMBRES DU CONSEIL
DE RÉGENCE A MONTBÉLIARD.

Sochaux, le 1ᵉʳ septembre 1792.

Messieurs,

Je suis chargé, à la tête d'un corps d'armée, de prendre possession, au nom de la Nation Française, imprudemment provoquée par le duc de Wurtemberg, du château de Montbéliard.

Avant de pénétrer dans votre ville avec l'appareil menaçant qui m'environne, (1) je crois devoir vous dépêcher trois officiers de mon armée (dragons), porteurs de la présente, pour vous annoncer que les Français qui sont

____

(1) C'est une fanfaronade. « Ils avaient avec eux deux canons dont les boulets étaient plus gros que le calibre » .Collection Duvernoy, relation de L.-C. Goguel).

sous mes ordres sont déterminés à mourir ou à remplir l'objet de leur voyage (¹).

Je vous invite en conséquence à me déclarer franchement si l'intention des citoyens de votre ville est d'épouser la querelle du prince avec lequel nous sommes en guerre, et de soutenir la résistance que pourraient se permettre ses satellites ou domestiques. Dans le cas de l'affirmation, je me verrais, à regret, forcé de traiter en ennemis les citoyens de Montbéliard, avec lesquels les Français conserveront la bonne intelligence lorsqu'ils se borneront à être spectateurs indifférents des événements de la journée.

Je vous prie de me faire réponse à l'instant même, afin d'épargner aux habitants de cette ville les accidents qui seraient la suite inévitable ou de votre silence ou du refus que vous feriez de la neutralité.

Je suis, avec considération.

Le commandant en chef de l'armée
actuellement à Sochaux,
Marcou.

(1) Voici copie des ordres de réquisition par la municipalité de Belfort, au commandant de la place :

ORDRE

Monsieur de La Barre, commandant de cette place, est invité et au besoin requis, de donner des ordres pour qu'il soit délivré aux troupes qui vont partir pour Montbelliard, en vertu de la délibération qui a été prise aujourd'huy, par les différentes autorités réunies, deux pièces de canon de douze pour servir aux troupes qui doivent être expédiées conformément à ladite délibération, pour sûreté de quoi nous avons apposé nos signatures.

Fait à l'hôtel de ville, à Belfort, le 31 août 1792, l'an quatrième de la liberté.

Signé : *Boulanger, R. Gilles, Hann, Catel, Le Blanc, Keller, Grosjean, Gérard, De la Porte, Bornèque le jeune, Bornèque le cadet.*

(*Arch. Nat., F⁷ 4599*).

ORDRE

Monsieur de La Barre est en outre requis de vouloir bien donner ses ordres pour qu'il soit délivré douze mille cartouches à balles pour les huit cents hommes qui doivent partir pour se rendre à Montbélliard, ainsi que deux pierres à fusils pour chaque homme.

Fait à Belfort, les jours, mois et an susdits.

Rossée, Ecoffet, Grosjean, Bornèque le jeune, Bornèque le cadet.

(*Arch. Nat., F⁷ 4599*).

Nos magistrats, fort surpris de la position dans laquelle ils se trouvent subitement placés et nullement préparés à s'occuper de choses militaires, délibèrent, puis répondent :

Le Conseil de Régence de Montbéliard
a M. le commandant de l'armée actuellement a Sochaux

1er Septembre 1792.

Monsieur,

Le Conseil de Montbéliard n'a pu apprendre qu'avec peine, par la lettre qui vient de lui être remise de votre part, que l'on prête des dispositions hostiles au duc de Wurtemberg envers la Nation française, tandis que le prince a déclaré encore tout récemment par rescrit du 23 août dernier, qu'il avait chargé son ministre en cour de France de contredire formellement la nouvelle qui s'était répandue, de ses intentions hostiles. La copie de ce rescrit se trouve jointe, et l'original en a été communiqué à Messieurs les Officiers porteurs de la présente.

Le gouvernement de Montbéliard peut même assurer que tous les ordres qu'il a reçus jusqu'ici, le chargent d'entretenir la meilleure intelligence avec les voisins et de leur fournir tous les secours possibles, comme il est arrivé par la fourniture de toutes sortes de denrées.

Dans ces circonstances, le Conseil ne devait pas s'attendre à voir une troupe armée entrer sur le territoire de Montbéliard pour s'emparer du château de cette ville. Mais si malgré les faits, conformes à la plus exacte vérité, et malgré les assurances qu'on renouvelle ici, de la plus parfaite neutralité, le corps d'armée qui se trouve actuellement à Sochaux, insiste à prendre possession du château de Montbéliard, le Conseil, persuadé que la Nation française est trop juste pour ne pas envisager les habitants de Montbéliard comme de bons voisins et comme des amis de la France, et étant très éloignés de résister à la force par la force, ne s'opposera pas à la prise en possession du château.

Le Conseil espère que les troupes françaises respecte-
ront toutes les propriétés, tant de la maison de Wurtemberg que de tous les habitants du pays et que M. le commandant donnera à cet égard et par écrit toutes les
assurances nécessaires, ainsi que pour le maintien du
bon ordre.

Nous sommes......

Cette lettre n'est pas autre chose qu'une reddition de la place.

En apprenant les événements, le Directoire du département
du Haut-Rhin, séant à Colmar, loin d'approuver l'expédition,
très correctement et de la façon la plus nette, désavoue les
autorités de Belfort, ainsi que cela ressort d'une délibération
du Directoire du Haut-Rhin que l'on trouvera au nombre de nos
pièces justificatives..

Sans nous arrêter plus que de raison au désaccord qui semble
exister dans les récits que nous venons de produire ou de
résumer, tant relativement à la composition des forces mises
en mouvement, qu'au nombre de canons dont elles disposait,
disons que cette aventure, où le tragique côtoie le comique, se
présente dans des conditions si singulières, que nous ne pouvons, toujours d'après MM. Goguel et Roy, que continuer à en
raconter les péripéties sans y rien ajouter.

La réponse ci-dessus fut portée à Sochaux par le procureur
général Boigeol, chargé en même temps de s'enquérir de la
composition de la troupe qui y stationnait, de ses dispositions.
des ordres qu'elle avait reçus, et de prendre, avec ses chefs, les
arrangements nécessaires pour la sûreté publique.

Boigeol trouva des hommes très agités, parlementa longuement avec leurs chefs et protesta des intentions des gens du
pays, de vivre dans des rapports de paix et d'amitié avec leurs
voisins les Français. Il finit, à force de modération et de
douceur, par ramener le calme dans ces esprits exaltés.

On convint que la troupe armée serait reçue dans la ville
sans opposition, que le château lui serait ouvert et que sa garnison, ainsi que celle d'Étupes, se rendraient prisonnières de
guerre. Cette dernière condition ne fut acceptée par le parle-
mentaire que couché en joue et menacé de mort.

Le commandant de Belfort promit sur son honneur que les
propriétés seraient respectées, et c'est sur cette assurance que

M. Boigeol quitta Sochaux, pour rendre compte de sa mission et annoncer aux habitants l'arrivée prochaine des soldats, en recommandant qu'on les reçût avec démonstrations d'amitié.

Peu après son retour, ils entrèrent en effet dans la ville; personne ne fut inquiété ni maltraité.

Dès qu'ils furent rangés sur la Place des Halles (¹), le Conseil quitta la salle des séances, vint saluer les chefs et leur fit servir, dans le bâtiment des Halles, un dîner auquel furent conviés tous les officiers. Le reste fut réparti chez l'habitant.

Cependant tout n'était pas terminé. Au château se trouvait le capitaine Parrot avec cent hommes d'infanterie et vingt-cinq cavaliers. Chef de la force armée, il relevait directement du prince et non du Conseil de Régence. « Il allait se mettre en marche, dit Goguel, pour faire une sortie et éclipser cette troupe sans aveu et sans ordre, ce qui n'aurait été qu'un déjeuner, si on n'avait pas craint d'avoir à en combattre le double après la défection des premiers; les chevaux étaient déjà attelés devant les pièces de canon. Mais le magistrat et la bourgeoisie le sollicitèrent de ne point effectuer la sortie qu'il préméditait, et Parrot fit ouvrir les portes du château, de crainte d'attirer sur la ville des maux incalculables ».

Le séjour des Belfortains, à Montbéliard, ne fut pas long. Le jour même de leur arrivée, à dix heures du soir, le commandant des troupes reçut l'ordre d'évacuer, sur le champ, la ville et le pays de Montbéliard. Mais toute la garnison du prince fut faite prisonnière de guerre; les officiers et soldats conduits à Belfort; les envahisseurs, en se retirant, emmènent avec eux l'artillerie, les fusils, et les chevaux de la cavalerie.

Nous reproduisons, au nombre de nos pièces justificatives, l'inventaire de ce qui, contre tout droit, fut enlevé, tant à l'Hôtel de ville qu'aux châteaux.

Les soldats et les officiers Montbéliardais ne furent retenus prisonniers à Belfort que pendant huit jours. Mais les soldats, recrutés et engagés pour deux ans, en remplacement de la milice bourgeoise, qu'il n'avait pas été possible de soustraire indéfiniment à ses occupations civiles, revinrent à leur garnison

---

(1) Cette place se nomme aujourd'hui place Denfert-Rochereau. Aux Halles était le siège du gouvernement ducal.

avec un tel esprit de révolte, dont on avait eu soin de les nourrir, qu'on donna un congé absolu à ceux qui refusèrent le service, et que les autres, armés de piques, seules armes qui fussent restées, continuèrent leurs fonctions jusqu'à la St-Martin, où le gouvernement du Wurtemberg les licencia.

Assurément, dans ces tristes circonstances, subissant une violence injustifiable, le Conseil, la population et le gouverneur du château, cédant tous devant la nécessité, avaient agi sagement et politiquement. Mais cela n'avait pas fait l'affaire de la masse qui voyait s'évanouir l'espoir d'un fructueux butin. Marcon, chef sérieux bien qu'irrégulier, avait su maintenir une sévère discipline.

Fait curieux, digne de remarque et rare en temps de guerre, il ne fut pas touché en ville aux espèces en caisse pour le service de la chose publique. On objectera peut-être que c'était faute d'expérience des choses de la guerre, et que le temps matériel manqua, vu la promptitude des ordres de retrait des troupes pour cette opération.

Nous avons vainement cherché à l'Hôtel de Ville, dans les registres qui subsistent encore, trace de l'événement que nous rapportons. Ils sont muets à cette date, preuve évidente que les bourgeois, terrorisés, sans prendre parti, ont laissé les événements se dérouler.

L'occupation de Montbéliard ayant eu lieu dans les conditions que nous venons d'exposer et sans l'assentiment et la coopération du gouvernement français, le Conseil de Régence, si tôt après le départ des gardes nationaux, put reprendre ses fonctions. Mais ce corps était désormais sans forces, son action entièrement nulle, ses décisions sans sanction possible.

Chacun sentait que, sous l'empire des circonstances, le fruit était mûr, et que la France, quand elle le voudrait, n'aurait plus qu'à le cueillir. Une annexion, redoutée par certains, mais qui après plusieurs années de souffrances, avait fini par être désirée par beaucoup, principalement pour cette raison qu'elle serait la solution de questions angoissantes, celle des douanes en particulier, était à la veille de s'accomplir.

Transcrivons ici le contenu d'une lettre ou d'un appel, qu'un corps minuscule, qui se donne le titre de *Club de Pont-de-Roide*, adresse aux magistrats de Montbéliard et aux habitants de cette ville.

Le Club de Pont-de-Roide aux habitants de Montbéliard,

Pont-de-Roide, 25 mars 1793, 2^{le} de la Rép. françoise.

Messieurs,

Les membres composant la Société des Amis de la liberté et de l'égalité, séante au Pont-de-Roide, apprennent avec autant de surprise que d'indignation, que plusieurs habitans de votre ville se permettent, sur les affaires politiques du temps, des propos capables de porter l'effroi et le désordre dans les hameaux françois qui avoisinent les terres de Montbéliard; que dans plus d'une maison de cette ville, on affecte malicieusement de débiter aux étrangers, à l'occasion de la guerre actuelle, des nouvelles mensongères et pleines du virus aristocratique, qui toutes tendent à jeter l'épouvante et le découragement dans une classe d'hommes crédules et peu instruits; à les mettre les uns et les autres dans un état de stupéfaction et d'anxiétude.

Magistrats du peuple, faites-lui comprendre qu'il est de l'intérêt commun, que personne ne trouble l'équilibre de la tranquillité publique; que si les troupes de la République françoise venoient à éprouver des échecs, ses voisins pourroient bien en partager les contre-coups et les revers; que la population de Montbéliard, circonscrite dans une étroite sphère, doit du moins politiquement, ménager une nation généreuse, bien loin de chercher à l'abaisser par les détours artificieux de la calomnie.

Au reste, Messieurs, c'est d'après la conviction intime de leurs forces et de leurs ressources, que les François annoncent à l'Europe entière que ils périront plutôt tous que de se laisser influencer par des machinations perfides; que leur fière attitude et leur courage mâle suffiront toujours à rasseoir les esprits faibles ou trompés de leurs concitoyens et à ramener tôt ou tard le calme le plus absolu et le plus profond ; que par de généreux efforts, ils trouveront et rapporteront immanquablement le triomphe de l'égalité et de la liberté, sur l'orgueil et le despotisme ; qu'enfin, s'ils paroissent pleurer quelque fois, c'est en jurant comme Achille de venger la mort de Patrocle, qu'ils auront satisfaction éclatante de tous les monstres ennemis des droits de l'homme, ou qu'ils mourront aux champs de la gloire.

Quoiqu'il en soit, Messieurs, le club du Pont-de-Roide ne désire rien tant que le maintien d'une bonne harmonie entre votre principauté et la République françoise ; tous ses membres protestent que si une rupture venoit malheureusement à éclater, ils auront le témoignage de ne l'avoir jamais provoquée. Ils espèrent, les uns et les autres, de votre zèle, une police exacte dans les circonstances, et se flattent d'obtenir des habitants de Montbéliard si non l'attachement et l'estime, du moins l'indifférence et la neutralité.

> *Maillot,* président.   *Bavour,,* secrétaire,
> P. *Baud,* vice-prés[t].   *Clément,* v. secrét.

(*Arch. Nat.,* K *1819*).

Que fait le prince ?

Instruit des événements qui viennent de se dérouler, de Wilhemsbad où il se trouve, il écrit au Conseil et manifeste la douleur avec laquelle il a appris l'occupation de la ville et du pays de Montbéliard, par les troupes françaises qui, contre le droit des gens, ont emmené prisonnière la troupe qui n'y était que pour la défense du pays et la garde des châteaux. Il approuve entièrement la conduite du Conseil en cette occasion, disant aussi que cette violation de territoire est d'autant plus surprenante que le 8me duc régnant, son très cher frère, n'a cessé de donner des preuves de neutralité.

Mais que peut-on contre la force et la violence ! La seule chose qui le console dans ce malheur, c'est d'apprendre que le pays n'a subi aucune dévastation.

« Pour ce qui regarde les six chevaux de mon économie d'Etupes que les troupes françaises ont emmenés avec elles, je m'en remets à votre prudence si vous croyez qu'on puisse les réclamer, comme étant ma propriété personnelle, moi qui ne suis pas souverain du Montbéliard et encore moins du Wurtemberg.

« J'attends du reste, avec l'impatience qui doit naturellement naître de l'intérêt infini que je prends à la ville et au pays de Montbéliard, des lettres et nouvelles ultérieures de votre part, et je fais bien des vœux pour qu'elles soient satisfaisantes » *(Arch. Nat., K 1909)*.

On voit, dans cette lettre, le prince manifester un ardent patriotisme local.

Nous touchons aux termes de notre récit.

Ce ne fut qu'à la troisième invasion que le pays fut définitivement francisé et soumis au régime de la Terreur.

Le 10 avril 1793, le général Després-Crassier, commandant la 5° division de l'armée du Rhin, arrive à la tête de deux cents gardes nationaux et de seize gendarmes. Il fait connaître aux autorités qu'en exécution des ordres du général Custine, il prend possession, au nom de la nation française, du comté de Montbéliard. Le soir même il partait, en ne laissant au château, pour toute garde du pays, que quatre gendarmes.

Mais c'est six mois plus tard seulement, le 10 octobre 1793, que fut supprimé définitivement le Conseil de Régence, dernier vestige du régime Wurtembergeois dans ce pays de langue française (¹). Voici comment se fit le changement de régime.

A cette date, le conventionnel Bernard de Saintes, sans avoir brûlé de poudre, comme il l'écrit, arrive à Montbéliard avec un seul bataillon de gardes nationales des environs de Dôle.

La troupe entra à Montbéliard à environ sept à huit heures du matin, le plus clandestinement possible, et se mit en bataille sur la place d'Armes. A neuf heures arrivèrent aussi sur la même place, le représentant Bernard, dit Pioche-fer et

---

(1) La domination Wurtembergeoise a duré quatre siècles L'histoire nous dit que c'est une union princière qui nous avait rivés pour ce temps à l'Allemagne.

En effet, Henriette, l'aînée des quatre petites filles d'Etienne de Montfaucon, comte de Montbéliard, par son mariage avec Eberhard le jeune de Wurtemberg, transmit en 1397 à cette maison d'outre Rhin le comté de Montbéliard avec la plupart de ses dépendances.

deux de ses acolytes. Le général qui commandait la troupe ayant vu un homme vêtu de jaune et noir, demanda quelle livrée cet homme portait. Ayant appris que c'était un huissier de la chancellerie du prince, il lui intima l'ordre de réunir incessamment le Conseil à la chambre de justice, pour entendre ce qui lui serait prescrit.

Ayant été assemblé, le Conseil fut obligé de se transporter sur la place d'Armes, son président, le comte de Sponeck, en tête. Là, Bernard dit à ce corps : « Citoyens, je viens prendre possession du pays de Montbéliard au nom de la République Française, une et indivisible. Retirez-vous au Conseil en attendant mes ordres ».

Bernard, accompagné de sa suite et du général, s'y rendit et, après avoir pris les renseignements utiles à ses vues, licencia les Conseillers.

Sur ces entrefaites, les troupes arrivèrent. C'était une compagnie de grosse cavalerie, venant du siège de Mayence, une compagnie de canonniers à pied. Elles se portèrent au-dessus des vignes de Rose avec quatre pièces de canon, deux obusiers, faisant le simulacre du siège de la ville, et une compagnie de canonniers à cheval. Aussitôt, Bernard établit un Directoire, un Comité de surveillance, une municipalité, présidée par le bonnetier Goguel et le même jour encore, frappa la ville d'une contribution de deux cent cinquante mille francs.

L'officier de cavalerie Montbéliardais L.-C. Goguel, qui nous fournit ces détails, dit que les plus aisés ont été obligés de payer cette somme, les uns par leur argenterie, les autres par argent, il y en a d'autres enfin qui, pour satisfaire à leur cote, furent obligés de donner leur boîte de montre en or.

Les habitants des campagnes ont été taxés à deux cent mille francs, mais plus fermes et plus rusés que les bourgeois, ils ont éludé leurs cotisations par remontrances et délais.

Duvernoy, moins précis que Goguel, dans ses *Ephémérides*, est plus déclamatoire. A la députation des bourgeois qui, en grande cérémonie, lui présentait les clés de la ville, Bernard aurait dit : *Je vous apporte la liberté*. Ce à quoi le maître bourgeois en chef Ferrand, potier d'étain de son état, et dont la réponse est quelque peu entachée d'aristocratie, aurait répondu : *Nous la connaissons de plus longue date, elle a été un des bienfaits de nos princes et nous n'avons d'expression que pour les bénir.*

Au fond, Ferrand généralisait, car ce qu'il disait, n'était vrai que pour le dernier d'entre eux.

D'autre part, il faut bien convenir que Bernard ne leur présentait pas la déesse, accompagnée comme elle l'était alors d'une guillotine, sous un jour absolument favorable. Ayant la faiblesse de tenir à leur peau, ils éprouvaient de la répulsion pour cet instrument, dont le fonctionnement est réputé brutal.

Voici une courte lettre qui émane, soit du fidèle compagnon de Bernard, le Sr Naudet, ancien comédien du Théâtre français, soit plus probablement de Bouillon, révolutionnaire effréné, que Bernard avait nommé syndic de Montbéliard. Elle est conservée dans les Archives de la Haute-Saône :

Montbéliard, le 21 Brumaire.

En suite de la réquisition du Représentant du Peuple, j'ai donné l'ordre de faire transporter à Montbéliard la *guillotine aînée.* Elle y arrivera je pense demain ; elle doit être permanente devant la maison commune, en conséquence je t'invite à la faire monter sur le champ.

Donc, il y avait à Vesoul des guillotines au choix. Il faut le plus souvent être apôtre ou dénué de tout scrupule moral pour faire quelque chose de grand. Bernard était dans ces conditions.

A peine après les avoir nommés, il suspend quatre sur cinq des membres de la municipalité parce qu'ils ont manifesté un esprit de *rénitence* aux lois républicaines. Ceux-ci cherchent à se justifier et disent que, s'ils se trouvent seuls avec les instituteurs et leurs élèves, aux cérémonies du temple décadaire, ils n'en sont pas cause (*G. Gautherot, Le Département du Mont-Terrible*). Les membres de la municipalité étaient alors J.-J. Morel, homme de lettres, D.-F. Bernard, fabricant de bas, F.-E. Tueffert, marchand, D.-F. Fallot, homme de lettres, E.-P. Parrot, homme de lois.

Bernard dit aussi : « J'emploie tous les moyens possibles pour patriotiser le pays qui n'en paraît guère susceptible ». (*Arch. de la H^{te}-Saône 2^L 344*).

Six semaines plus tard, le succès ne couronne pas encore ses

efforts. Il se plaint du peu de progrès de son prosélitisme.
« Ils ne sont ni républicains ni aristocrates » *(Arch. Nat.,
A F^u 152).*

A aucun point de vue, le zèle de Bernard n'est en défaut.
Peu de jours après son arrivée à Montbéliard, il avait ordonné
des perquisitions chez les habitants notables, et pour cette
raison, suspects. On le verra par la lettre suivante, extraite
également des Archives de la Haute-Saône :

Au district de Montbéliard. Du 16 Octobre 1794

Instruit que le citoyen Sahler, marchand drapier de cette ville, recé-
lait des effets provenant du ci-devant prince, j'ai donné hier soir une
réquisition au général de me fournir un détachement pour faire une
visite domiciliaire chez ledit Sahler. Il a ordonné à la gendarmerie
nationale de se trouver à huit heures du matin du présent jour, devant
la maison de ce particulier.

C'est vous, citoyens, qui devez faire cette perquisition ; en conséquence, je vous invite à députer un de vos membres, qui se rendra sur
le champ chez Sahler, pour y faire une exacte recherche et s'assurer
si réellement il a caché des effets du prince qui appartiennent aujour-
d'hui à la République. Le commissaire que vous députerez devra
dresser procès-verbal de la perquisition et vous m'en adresserez une
expédition sur le champ.

Soit que le fait articulé fût dénué de fondement, soit que
Sahler ait eu le temps de mettre à l'abri ce qu'il aurait reçu
en dépôt, la perquisition opérée semble avoir été sans résultat.

Lorsqu'au grand soulagement de la population, un régime
plus libéral se fit jour, les Montbéliardais avaient tant de points
de contact avec la France, qu'ils s'attachèrent promptement,
nous pouvons même dire avec passion, au nouvel ordre de
choses. Il les faisait enfin sortir d'un pénible isolement. Seules,
quelques familles de fonctionnaires, en raison de leurs fré-
quents et agréables rapports avec l'ancienne petite Cour, et des
charges honorifiques que leurs membres y avaient remplies,
regrettèrent longtemps le régime déchu.

Ces sentiments peuvent s'expliquer. Si de race et de culture
nos pères n'avaient jamais cessé d'être Français, le prince, par

sa conversation, sa correspondance, ses lectures, au moins à en juger par la composition de sa bibliothèque, nous montre une culture semblable. Dès son arrivée au Pays, sans raideur, il s'était mis à la portée de ses administrés. Cet homme était juste, économe des deniers publics comme des siens, prévoyant et bon.

Dans leur *Histoire des Corporations*, MM. Nardin et Mauveaux donnent copie d'une apostille qu'il mit au bas d'un projet de règlement, lignes autographes qui le peignent en peu de mots :

« Je ne puis jamais mieux employer mon temps que quand je suis assez heureux de le faire pour l'utilité de ce Pays, que j'affectionne au-delà de toute expression et dont le bonheur me tient si souvent à cœur ».

À la suite de cette déclaration, prenons congé de lui comme prince, heureux nous aussi, si le lecteur a pu ne pas se méprendre sur notre pensée. Nous n'avons aucun regret pour un régime qui ne pouvait plus durer. Mais simple Montbéliardais, nous avons tenu à donner à un prince Montbéliardais, un témoignage désintéressé de notre reconnaissance.

Peut-être ce sentiment un jour, à Montbéliard, deviendra-t-il général, car tout arrive ; et après avoir donné le nom de *Quai Bernard de Saintes* à la voie que suivait ce citoyen pour se rendre, de l'auberge des Trois-Rois, où il logeait, à l'Hôtel de Ville, d'où il gouvernait, viendra-t-il à l'idée de nos successeurs d'accorder également un souvenir à un prince bon et éclairé, en donnant son nom à l'une des voies qui aboutissent au château.

Après les jours d'infortune dont nous venons de parler, Frédéric-Eugène succéda à son frère sur le trône ducal. Il n'y resta que deux ans. Ses cendres reposent dans l'église du château de Ludwigsburg.

Son fils aîné, Frédéric, lui succéda. Dans son jeune âge, Frédéric avait des traits fins et réguliers comme on le constate par le portrait que nous avons publié ([1]). Malheureusement, il ne tarda pas à être affligé d'un embonpoint tel, qu'en manière de plaisanterie, Napoléon disait que ce n'est que *ventre à terre* que le roi de Wurtemberg arriverait à Paris.

(1) *Princes et Princesses en voyage.*

Il l'avait en effet, élevé à la dignité royale, ce qui en fit un fidèle allié de la France; mais jusqu'au jour seulement où pâlit l'étoile de l'empereur.

Au temps où il n'était pas ingrat, comme preuve certaine d'attachement, Frédéric avait donné en mariage sa fille Catherine, à Jérôme, créé roi de Westphalie, père de la princesse Mathilde et du prince Napoléon.

Nous terminons ce travail par la publication du *Journal du comte du Lau*, que nous avons dû, pour ne pas interrompre notre récit, reléguer à la fin, bien que les faits dont il parle se coïncident plutôt avec la première partie de notre travail, puis par une suite de lettre intimes de bourgeois de Mulhouse, relatives à la réunion de cette ville à République Française.

CHAPITRE X

Journal du Comte du Lau
Gouverneur de Belfort de Juillet à Septembre 1789

Le Mercure de France du mois d'octobre 1759 contient un article généalogique particulièrement étendu sur les *du Lau.*

Il débute en ces termes :

Le roi a donné une place de colonel dans les Grenadiers de France à Jean-Baptiste, comte du Lau, lieutenant au régiment du Roi Infanterie. Sa majesté lui en avait accordé l'expectative en 1754. Il est fils d'Armand IIme du nom, comte du Lau, seigneur de la Côte, de Savignac et de la Rousseille, en Périgord.

— Alors, détaillant les branches diverses de la famille et énumérant complaisamment les charges et dignités de ses membres, le généalogiste poursuit jusqu'à l'impétrant qui est le comte du Lau, dont nous avons reproduit un certain nombre de lettres, dont nous offrons également à nos lecteurs le portrait, et duquel, enfin, voici l'intéressant *Journal de Belfort.*

La maison du Lau y est-il dit, est issue des souverains de Biscaye, et à ce propos, l'auteur, qui ne doute de rien, croit pouvoir remonter jusqu'à 870. Puis il cite Jean du Lau, qui s'acquit la réputation d'un grand capitaine et qui fut également diplomate. Ce gentilhomme était très considéré par le roi de Navarre qui, le 15 septembre 1578, lui écrivait pour l'inviter à aller le rejoindre à Bergerac le 26 du même mois, afin de l'accompagner à la rencontre de la reine, sa femme, *dans le meilleur équipage que la brieveté du temps pourroit le permettre.*

Le roi termine sa lettre par cette prière, faite au Créateur : « Vous donner, Monsieur du Lau, ses saintes grâces ». Après quoi il signe : « Votre affectionné Henri ».

Que ce soient des souverains, ou de simples particuliers qui tiennent la plume, nos correspondances aujourd'hui se terminent plus simplement. Ce n'est que dans les églises,

Jean Baptiste COMTE du LAU Colonel des Grenadiers de France _ Peint par Mr. VAN LOO 1754

dans les couvents, dans quelques familles de huguenots
attardés, ou encore chez les gens les plus mal embouchés,
tels que les charretiers et les débardeurs, qu'il est encore
question du Créateur. Dans les lettres de service du comte du
Lau, on trouve les indications suivantes : Il a été reçu mous-
quetaire le 5 juin 1752, nommé sous-lieutenant le 7 juin 1753,
enseigne le 18 décembre 1757, lieutenant le 5 juin 1758, par
brevet, colonel des Grenadiers de France aux appointements de
300 L par mois, le 1er décembre 1761, puis envoyé passer l'hiver
à Mulhouse. Comme le nom du Lau ne se trouve pas dans les
archives, savamment classées de cette ville, nous pouvons supposer que la mission qui lui était confiée était d'y surveiller le
recrutement, toujours délicat, des régiments Suisses du roi.

A partir de juillet 1780, comme Maréchal de Camp, il doit
procéder à l'inspection des troupes, tant d'infanterie que de
cavalerie. Il voit en particulier, dans le cours des années
suivantes, celles qui sont à Landau, Wissembourg, Haguenau,
Pfalsbourg, Schlestadt et Neuf-Brisach. Plus tard, celles de
Granville, St-Paul-de-Léon, Sedan, St-Avold, Strasbourg.

Une lettre du Maréchal de Ségur, en date du 27 mai 1784,
dit : « Sa Majesté a réglé votre traitement à douze mille francs
pendant la présente année ».

Par lettre royale du 20 avril 1789, le comte du Lau, sous les
ordres de M. le Marquis de Langeron, à Besançon, est
affecté au comté de Bourgogne. Enfin, il arrive à Belfort le
22 juillet, étant, dans sa nouvelle garnison, sous les ordres du
Comte de Rochambeau, gouverneur d'Alsace à Strasbourg.

Du Lau est particulièrement sobre d'appréciations person-
nelles et se renferme dans son rôle de soldat.

Voici comment débute son journal qui, à côté de répétitions
inévitables, renferme nombre de choses intéressantes.

JOURNAL DU COMTE DU LAU

GOUVERNEUR DE BELFORT DE JUILLET A SEPTEMBRE 1789 (¹)

Le Jeudi 23 Juillet 1789, je suis arrivé l'après midi, sur un ordre
de M. le Comte de Rochambeau, et j'ai trouvé ici M. le Baron
de Heymann, inspecteur, et deux escadrons des chasseurs

(1) Les notes principales consacrées à cette partie du travail se trouvent
reportées à la fin du *Journal*.

d'Alsace qu'ils avaient fait venir la surveille. Il n'y avait qu'un bataillon de la Marine, le second étant à Huningue. Sur la réquisition qui avoit été faite le jour même au commandant de Belfort d'un détachement de soixante hommes à cheval et de six cents fusils, de la part de M. le Prince de Montbéliard, duc de Wurtemberg, j'ai envoyé tout de suite au Prince un détachement de quarante chevaux, commandé par un capitaine, mais je ne lui ai point fait passer d'armes, trouvant d'un dangereux exemple d'en fournir à des paysans, surtout étrangers.

Vendredi 24. — M. de Heymann est parti à cinq heures du matin avec un détachement de trente chevaux, pour se porter sur Héricourt et y observer la contenance de cette petite ville et de ses environs, en lui faisant dire que s'il se présentait des brigands, les habitants devaient s'assembler pour les repousser et, qu'en me faisant avertir, je leur enverrais du secours.

Plusieurs communautés des environs (¹) vinrent dans la matinée et la plupart des paysans étaient armés (*sic*) avec des cocardes et s'annonçaient ne venir que pour se trouver au passage de M. Necker. La ville rassemblait, dans la même matinée, les bourgeois et habitants, pour les former en compagnies. Elle me fit demander des armes de l'arsenal. Cette demande engagea tous les paysans entrés en ville de faire la même demande; je ne l'accueillis point, mais pour donner une marque de confiance à la ville, je promis d'en faire donner le lendemain matin aux compagnies bourgeoises.

Il y eut une rumeur vers les cinq à six heures, occasionnée par les paysans des communautés, auxquels s'étaient joints quelques habitants de la ville; aussitôt que j'en fus instruit, je me transportai sur la place et, voyant qu'ils se mettaient en mesure de forcer l'arsenal, je me jettai au milieu d'eux pour les éloigner par la persuasion.

J'employai longtemps ce moyen, mais voyant qu'il n'avait pas de succès, je fis porter un détachement de grenadiers à l'arsenal et battre la générale. Les mutins, dont la plupart étaient ivres, furent bientôt dissipés. Je fis sortir de la ville tous les étrangers, redoubler les patrouilles et tout fut apaisé, sans avoir fait de mal à personne. Je fis même sortir des prisons cinq personnes qui avaient été arrêtées comme les plus mutins,

(1) De Belfort.

sur la demande des chefs de leurs villages qui me répondirent d'eux. Les troupes rentrèrent dans leurs quartiers avant la nuit. Je laissai seulement trente chasseurs à cheval en dehors de la ville pendant la nuit, pour faire des patrouilles et des reconnaissances, attendu que quelques mal intentionnés ayant répandu dans les environs le bruit que tout était à feu et à sang, j'étois instruit que tous les villages, entre la ville et Altkirch, avaient sonné le tocsin et se rassemblaient pour venir au secours des habitants. Il s'en était même présenté avant la nuit, quatre ou cinq cents, à la porte de Strasbourg, qui s'étaient retirés étant instruits par les principaux bourgeois, qui se sont bien conduits, que tout était fort tranquille. Les portes et les patrouilles dans l'intérieur, ont été doublées pendant la nuit (1).

Le 25. — La matinée fut fort tranquille, le détachement qui avait passé la nuit hors la ville et fait patrouille dans tous les environs, n'a rien rencontré qu'un nombre de paysans armés, qui se sont retirés sur l'invitation qui leur a été faite.

L'arrivée de M. Necker (2), a été annoncée pour les cinq heures du soir. Pour éviter de nombreux troubles, j'ai fait défendre aux villages voisins de se rendre dans la ville, en leur observant que s'ils voulaient témoigner leur joye à ce ministre, ils pouvaient se porter en avant de leurs villages sur la route, ou en avant du faubourg.

M. Necker est arrivé à une heure et demie ou deux heures, il a traversé la ville à pied avec Madame Necker et Madame de Staël, escorté par les compagnies bourgeoises à pied et celles à cheval qui avaient été au-devant de lui; j'ai fait prendre les armes aux troupes pour maintenir le bon ordre. Il a resté un quart d'heure à l'Hôtel de Ville et a été voir Madame la Duchesse de Wirtemberg-Montbéliard, qui est icy, et est reparti tout de suite.

Un détachement de chasseurs à cheval est parti le matin de bonne heure pour éclairer les frontières de Franche-Comté. J'ai envoyé à Montbéliard trente hommes d'infanterie pour renforcer les chasseurs qui y sont, afin d'avoir plus de moyen de repousser les brigands, qu'on annonce chaque jour devoir se porter sur les châteaux du Prince.

Le 26. — Rien de nouveau de la part des patrouilles et du détachement envoyé sur Héricourt. Le régiment de Bourgogne est arrivé à midi, venant de Baume-les-Dames, où il avait reçu l'ordre de rétrograder pour revenir à Huningue.

Le 27. — Départ du régiment de Bourgogne et rien de nouveau de la part des détachements envoyés à la découverte sur les hauteurs de Franche Comté et vers le ballon de Giromagny. Les patrouilles n'ont rien vu ni rien rapporté d'intéressant.

Le 28. — Les patrouilles ont eu lieu à l'ordinaire et les détachements portés sur Rougemont vers les Vosges et la route d'Altkirch, n'ont rien dit de nouveau. Elles ont trouvé tous les villages en règle pour se garder, comme je l'avais fait ordonner à mon arrivée.

J'ai reçu une lettre de M. de Rochambeau commandant en chef qui, en m'apprenant qu'il y a des troubles dans les environs d'Huningue, me charge de mander à M. le Baron de Kloeckler maréchal de camp, demeurant à Altkirch, qu'il lui donne le commandement des détachements qui seront envoyés dans cette partie là pour y maintenir le bon ordre, et m'enjoint en conséquence, d'envoyer à cet officier général des secours.

J'ai exécuté cette commission en mandant à ce général de demander au bataillon de la Marine, qui couche demain à Altkirch en revenant d'Huningue, les détachements dont il aurait besoin; j'ai écrit en conséquence au lieutenant-colonel qui les commande, de les favoriser.

Le 29. — Les patrouilles et détachements dirigés sur des points nouveaux, jusqu'à trois lieues de la place, n'ont rien rapporté d'intéressant. Tous les villages sont en règle pour se garder et, pour donner plus de moyens à M. le Baron de Kloeckler de secourir les environs, j'ai fait partir un détachement de trente chasseurs à cheval commandé par le Mis du Pont, lieutenant.

Le 30. — Le régiment de la marine a été remplacé ici par le second bataillon qui avait laissé la compagnie de chasseurs à Altkirch, aux ordres de M. de Kloeckler.

Les arrangements ont été pris ici pour fournir du pain à cette compagnie, ainsi qu'aux chasseurs à cheval, avec de la poudre et des balles.

Les patrouilles et détachements n'ont rien apporté d'intéressants; le soir, j'ai été instruit par M. de Kloeckler que, la veille

au soir, il avait fait marcher un détachement au secours du
château d'Hirsingue, qui avait été pillé par les brigands, autrement dit les habitants des communautés voisines et que les
habitants d'Altkirch, craignant pour eux, étaient tentés d'engager ce général à renvoyer les troupes (3).

Le 31. — Sur avis de la veille reçu avant minuit, j'ai fait
partir vingt chasseurs d'Alsace, commandés par un capitaine,
pour renforcer le poste d'Altkirch. M. de Kloeckler m'a mandé
n'avoir pu empêcher le pillage des châteaux d'Hirsingue et
d'Hirsbach, les détachements n'étant pas arrivés assez à temps,
mais ils ont fait plus de vingt prisonniers, qui l'embarrassent fort.

Le même jour je fus instruit, à huit heures du soir, que le
château de Fulemagne (Foussemagne), appartenant à M. de
Rheinac (Reinach) était menacé ainsi que les juifs de ce village ;
j'ai fait partir tout de suite trente chasseurs à cheval et autant
de soldats de la Marine pour aller au secours. M. de Murat,
major du régiment des chasseurs d'Alsace, a voulu marcher à
la teste de ce détachement. A une demi-lieue de la ville, il
apprit que ce sont des voleurs qui s'étoient portés le soir sur le
village, il a, en conséquence, renvoyé l'infanterie et a continué
sa route pour observer le village et les environs.

J'avais fait venir tous les maires ou syndics des villages des
environs, pour leur recommander de nouveau de se bien garder,
de faire arrêter tous les inconnus qui passeraient chez eux et de
me dire s'ils entendaient parler de l'arrivée des brigands afin
que je puisse les recevoir à temps. Ils m'ont promis de ne rien
négliger, et assuré qu'ils faisaient la garde exactement.

A huit heures du soir, j'ai été informé que M. de Kloeckler
avait envoyé un détachement sur Anspach, près d'Altkirch,
pour protéger le château du Seigneur ; qu'on avait fait beaucoup de prisonniers, on disait même qu'il y avait eu plusieurs
des brigands de tués.

Le 1er Août. — Sur la réquisition des magistrats et habitants
de Massevaux, j'ai envoyé des hommes du régiment de la
Marine commandés par un capitaine et un lieutenant, pour se
joindre aux bourgeois de la ville, pour la protéger, ainsi que
les environs, contre les incursions des brigands.

Les mesures ont été prises pour fournir du pain de munition
de Belfort, à ce détachement.

Le même jour, sur la réquisition des magistrats et habitants de Delle, j'ai envoyé un détachement de trente hommes de la Marine et dix chasseurs d'Alsace à cheval, pour remplir le même objet dans cette ville, avec ordre aux deux détachements de se joindre à la bourgeoisie pour protéger leurs villes et les possessions des nobles, ecclésiastiques et autres citoyens des environs, ces détachements ne devant pas être à charge aux villes pour leur subsistance.

Les patrouilles et détachements n'ont rien apporté d'intéressant, mais leur apparition tient tout le monde sur ses gardes.

Madame la Comtesse de Brienne, qui a passé ici vers six heures, étant partie pour se rendre en Savoie par la Suisse, j'ai envoyé dix dragons du régiment de Lorraine dès le matin, à Delle, pour l'escorter jusqu'à Porrentruy, et les dix chasseurs que j'ai fait partir, pour être à poste fixe à Delle, ont rempli là même leur mission, jusqu'à cette ville.

Le détachement parti hier au matin, commandé par M. de Murat, est rentré à trois heures du matin, après avoir paru à Sulemagne (¹), où il ne s'était effectivement présenté que cinq voleurs des environs, qui avaient pillé les juifs, auxquels ils avaient tout pris. Par les indications données, on a fait suivre leurs traces par la maréchaussée, qui en a arrêté deux, munis de trois chevaux appartenant aux juifs ; ils sont ici en prison, le juge de Foulemagne les réclame.

Le 2 Août. — Sur la demande de M. le Commandeur de Waldner, j'ai fait partir un détachement de quinze hommes du régiment de la Marine pour se rendre à Morschwiller, y garder leur château, conjointement avec les habitants et protéger ses environs. Le dit détachement commandé par M. de Villars fils, a ordre de correspondre avec Altkirch et s'y retirer en cas qu'il y fut forcé.

Les patrouilles et petits détachements n'ont rien découvert dans leurs tournées ; les villages se gardent bien.

Le détachement des dix dragons de Lorraine parti hier pour accompagner Madame la comtesse de Brienne est rentré ; le pays de Porrentruy est tranquille, le Prince (²) a fait armer beaucoup de ses sujets ; tout est tranquille à Delle et à Florimont.

(1) Foussemagne.
(2) Joseph, prince-évêque de Bâle, dont la résidence était Porrentruy. Il en a été question ici précédemment.

M. le Comte Landenberg, dont le château a été pillé à Seppois, a profité du détachement des dragons de Lorraine pour se retirer ici.

M. le Baron de Kloeckler, qui a fait plus de cinquante prisonniers, m'écrit qu'il est fort embarrassé. Je lui ai marqué que j'en avais rendu compte avant-hier à M. le Comte de Rochambeau, en le priant de lui adresser directement les ordres à ce sujet; mais que s'il était question de les transférer à Belfort ou Huningue, il fallait les envoyer de préférence à Huningue, où il y avait peu d'habitants, au lieu que Belfort était fort peuplé d'habitants un peu remuants et inquiets.

La ville a décidément formé aujourd'hui quatre compagnies bourgeoises, elle m'a prié de les voir; elles sont composées en général d'une fort bonne espèce d'hommes, beaucoup ont servi, et on peut en tirer parti dans l'occasion.

Le 3 Aoust — Les patrouilles à cheval n'ont rien aperçu contre l'ordre.

Deux petits détachements de chasseurs à cheval ont été portés, le premier commandé par un officier, à Giromagny, quelques-uns en échauffent d'autres, relativement à du bois qu'ils réclament sur M. le Duc de Valentinois, leur Seigneur. Le second, sorti par la porte de Brissac, s'est porté sur la route d'Altkirch jusqu'à une lieue et est rentré par le chemin de Strasbourg, n'ayant rien vu de contraire au bon ordre.

Il n'y a rien eu pendant le reste de la journée, j'ai seulement reçu le soir une lettre de Mᵉ d'Estreux, commandant le détachement fixé à Delle, par laquelle il paraît que les habitants se soucient peu de conserver les troupes, puisqu'ils proposent de n'y laisser que dix dragons; comme je les trouverais exposés dans cette ville, où les habitants ne sont pas d'accord, j'ai marqué à Mᵉ d'Estreux que s'ils refusaient quarante hommes à charge à leur ville, je lui ordonnais de rentrer le cinq, avec tout son détachement.

Le 4 Aoust. — Les patrouilles à cheval sorties à la porte ouvrante, sont rentrées; rien d'intéressant. Deux petits détachements de quatre chasseurs, l'un commandé par un officier, s'est porté sur Giromagny, où il y a toujours un peu de fermentation, l'autre à Héricourt, où l'on est fort tranquille. Il en est de même à Massevaux, suivant le compte du capitaine commandant le détachement.

Delle est aussi tranquille, suivant le rapport de Mr d'Estreux les personnes qui s'y étaient retirées retournent à leurs campagnes, en conséquence l'officier me marque qu'il rentrera demain avec tout son détachement.

J'ai reçu à neuf heures du soir un paquet de Mr le Comte de Rochambeau, contenant cinq exemplaires de la délibération des États Généraux du 23 juillet, qu'il me charge de répandre, ainsi que trois exemplaires d'un ordre qu'il a donné le 2 aoust, pour remettre à la justice les prisonniers.

La lettre jointe au paquet paraît prescrire de faire conduire les prisonniers d'Altkirch à Huningue; j'ai fait partir une ordonnance pour en prévenir M. le Baron de Kloeckler.

Le 5 Aoust. — Les patrouilles à cheval dirigées sur différents points et un petit détachement porté sur Foussemagne ont trouvé tout tranquille.

Le détachement de trente hommes de la Marine et dix chasseurs est rentré de Delle à dix heures. Le rapport d'Amertchviller, par Mr Milland, annonce que tout est tranquille.

Celui de Mr Mathis, à Massevaux, annonce le même calme et que les réfugiés étaient rentrés en partie dans cette petite ville par la confiance qu'y ont inspirée les troupes. M. de Mathis marque que les avis qu'il a reçu de la vallée de St-Amarin, sont que les hommes craignant la justice, vu les désordres qu'ils ont commis, se sont retirés dans les bois et il ne reste dans les villages que les femmes et les enfants, fondant en larmes et redoutant le sort qui attend leurs maris.

À huit heures du soir, il est arrivé un greffier de la maréchaussée avec un procureur du Roi, avec ordre de la commission du Conseil souverain d'Alsace, de juger prévôtalement les brigands détenus à Belfort, et ensuite ceux d'Altkirch. Il ne se trouve à Belfort que deux voleurs. Quant aux autres prisonniers détenus à Altkirch, au nombre de soixante, j'ai représenté à ces Messieurs, qu'ayant donné ordre à M. le Baron de Kloeckler de les faire conduire à Huningue, lequel ordre est approuvé par M. le Comte de Rochambeau, je ne puis le changer, attendu qu'il doit être venu, à moitié chemin d'Altkirch à Huningue, un gros détachement du régiment de Bourgogne, pour les conduire dans cette dernière ville.

Le 6 Aoust . — Les patrouilles à cheval ont trouvé tout tranquille, il n'y a point eu de détachement des chasseurs d'Alsace, les ordres ont été donnés pour conduire demain au matin le pain au détachement d'Altkirch, escorté par six chasseurs à cheval.

Le rapport de M. de Mathis, commandant à Massevaux, annonce que tout est en bon ordre et dans le calme.

Le 7 Aoust. — Les patrouilles à cheval ont fait leur découverte sur deux points différents et n'ont rien rapporté de contraire au bon ordre.

Un maréchal des logis et six chasseurs à cheval ont escorté le pain pour le détachement d'Altkirch jusqu'à moitié chemin, où il a été reçu par un autre détachement venu d'Altkirch, et a rapporté que tout était tranquille. Un autre détachement de dix chasseurs à cheval, commandé par un capitaine, s'est porté à Delle. Il est rentré à trois heures après midi et a rapporté que tout était tranquille dans ce canton là et sur la route.

Le 8 Aoust. — Les patrouilles à cheval sorties à quatre heures du matin, ont trouvé tout dans l'ordre. Un petit détachement s'est porté sur Giromagny, où il y a toujours quelque fermentation occasionnée par un petit nombre de personnes, mais il n'y a aucune explosion.

Un autre détachement parti par la route de Strasbourg, a trouvé tout tranquille.

Le rapport de Massevaux annonce la plus grande tranquillité dans cette ville et la plus grande union entre les troupes et la milice bourgeoise, en sorte que l'ordre y est bien maintenu, ainsi que dans les environs.

A sept heures du matin, j'ai reçu une lettre de M^r le Comte de Rochambeau par M^r le Baron de Falkenhayn, qui annonce que toutes les troupes en garnison à Strasbourg sont rentrées dans l'ordre et demandent pardon des excès qu'elles ont commis (4). J'en ai remis une copie au colonel du regiment de la Marine et au commandant des chasseurs d'Alsace ainsi qu'à M. le Baron de Chazelles, commandant de la place.

Le 9 Aoust. — Les patrouilles à cheval ont fait la découverte et n'ont rien rapporté de contraire à l'ordre. Un petit détachement de chasseurs d'Alsace s'est porté sur Héricourt et a trouvé tout tranquille.

J'ai reçu une lettre de M^r le Baron de Kloeckler, qui m'annonce que l'assesseur de la Maréchaussée, s'est rendu le 7, à 9 heures du soir à Altkirch, et qu'il a commencé à procéder, dès hier matin, à l'interrogatoire des prisonniers détenus dans les prisons de cette ville.

Il a été imprimé icy, un extrait des délibérations de l'Assemblée nationale du 5 aout au matin, de laquelle il résulte que la noblesse, le clergé et tous les possédant fiefs et droits nobles, renoncent gratis à la main-morte et à beaucoup d'autres droits. Le dit extrait signé Lavie et Guittard, députés aux Etats généraux de Belfort (5).

10 Aoust. — Un détachement de six dragons de Lorraine, commandé par un maréchal des logis, a escorté le pain pour les troupes qui sont à Altkirch, jusqu'à Chavannes. Il a trouvé tous les villages sur son chemin fort tranquilles. Une patrouille du même régiment a fait le même rapport. Un petit détachement de six chasseurs d'Alsace s'est porté sur la route de Paris, l'officier qui le commandait a trouvé tout dans l'ordre. Un autre petit détachement, commandé par un maréchal des logis du même régiment s'est porté sur les environs de Delle, à deux lieues d'icy.

J'ai reçu par M^r le Comte de Rochambeau, ce matin, la lettre que lui avait adressée M^r le Comte de St-Priest, pour donner des secours de la part du Roy, au prince de Montbéliard. J'avais prévenu l'intention du Roy, dès le 23 et le 25 juillet, copie de la lettre de la Princesse à ce ministre, jointe à la lettre (6).

M. de Rochambeau approuve que j'aye fait donner l'étape aux détachements que j'ai envoyés à Massevaux et Delle pour le jour de l'arrivée; il s'en rapporte à ma sagesse et à mon économie pour les secours à donner aux détachements quand ils n'en auront aucun dans les villes où ils sont fixés.

J'ai reçu aussi une lettre de M^r le Baron de Falkenheym, qui me prévient qu'ayant été obligé de retirer une partie des troupes aux ordres de M. le Baron de Wiettinghoff à Brisach, que je devais en fournir à cet officier général, pour Thann et Cernay, s'il en a besoin.

11 Aoust. — Deux patrouilles à cheval du régiment de Lorraine, sorties à quatre heures et rentrées à cinq, ont trouvé tout en ordre dans les environs de la ville.

Deux petits détachements de chasseurs d'Alsace se sont portés, l'un sur Morvillars l'autre sur Roppe, route de Strasbourg et n'ont rien rapporté de contraire à l'ordre public, tout est tranquille ; l'imprimé répandu de la part de MM. Lavie et Guittard, députés aux Etats Généraux, a cependant occasionné dans quelques endroits des petits mouvements pour la chasse et la pêche, qu'ils se croient permises.

12 Aoust. — Les deux patrouilles à cheval sont rentrées sans avoir rien d'intéressant à rapporter.

Un petit détachement des chasseurs d'Alsace s'est porté jusqu'à Héricourt, qu'il a trouvé très tranquille, ainsi que les villages voisins. Un autre du même régiment, qui s'est porté sur La Chapelle, route de Strasbourg, a trouvé également tout tranquille ; des chasseurs du régiment de Champagne qu'il a rencontrés ont dit au brigadier qui le commandait, que Samedi dernier, ils avaient attaqué et pris aux environs de Mulhousen, un chef de bandits avec trente de ses compagnons.

Les rapports de Massevaux, Montbéliard et Amerschwiller, sont satisfaisants pour la tranquillité, mais il paraît que les paysans arment auprès d'Amerschwiller pour détruire tout le gibier et ils s'y croient authorisés par l'extrait des délibérations de l'Assemblée nationale, imprimées et signées Lavie et Guittard.

Le bruit, qui s'était répandu hier au soir que le régiment de la Marine partait dans la nuit, paraît tombé. Il avait occasionné une grande rumeur parmi les habitants, qui a duré presque toute la nuit. J'en ai informé Mr le Comte de Rochambeau et le Marquis de Langeron, afin qu'il ne leur vienne pas dans l'idée de retirer de Belfort ce régiment, qui s'y concilie à merveille avec toute la ville, et j'ai représenté à ces deux commandants en chef que je croyais que la tranquillité de la dite ville y était aussi intéressée que le bien du service du Roy. Mr de Mathis m'ayant marqué que les habitants de Massevaux désirant qu'on diminua la garde bourgeoise, il l'avait réduite à la moitié de ce qu'elle était. J'ai approuvé cet arrangement et lui ai marqué qu'il suffisait qu'il y ait des bourgeois, sans nombre, avec ses gardes et détachements.

13 Aoust. — Les deux patrouilles à cheval ont fait la découverte à quatre heures du matin et ont trouvé tout en ordre.

Un petit détachement de chasseurs d'Alsace est parti à Giromagny, où tout est tranquille, ainsi que dans les villages voisins. Un autre petit détachement du même régiment s'est porté sur Foussemagne, route d'Altkirch, où tout est tranquille, ainsi que les environs.

14 Aoust. — Les deux patrouilles sorties à l'ordinaire à quatre heures sont rentrées à cinq heures et demie, ayant trouvé tout dans l'ordre.

Un détachement des chasseurs d'Alsace, parti à quatre heures pour accompagner le pain de munition pour le détachement d'Altkirch jusqu'à Chavannes, a trouvé tous les villages en règle et n'y a rien trouvé d'intéressant.

M. le Baron de Kloeckler m'a appris que la prévôté avait jugé hier quatre des prisonniers qui sont à Altkirch, deux sont condamnés à être pendus et ont été exécutés hier au soir, un troisième est condamné aux galères pour trois ans, et le quatrième à six mois de prison et transféré à Colmar.

15 Aoust. — Les deux patrouilles à cheval ont trouvé tout en ordre ; un détachement des chasseurs d'Alsace s'est porté près de Giromagny et rapporte que tout y est tranquille.

Le Comte de Gerbas, colonel du régiment de la Marine, a été reçu commandant des compagnies bourgeoises à pied et à cheval de Belfort : il y a eu un grand dîner donné par la bourgeoisie. L'union entre les troupes et elle ne peut que se consolider par ce moyen.

15 Aoust — Une patrouille de Lorraine-Dragons a fait la découverte dans les environs et a trouvé tout en règle.

Un détachement du même régiment, de six dragons, commandé par un maréchal des logis, a accompagné le pain de munition pour les troupes qui sont à Altkirch et a trouvé ce village et tous ceux sur la route fort tranquilles.

Sur les avis que m'a donnés M. le Prince de Montbéliard, j'ai fait partir un détachement de dix chasseurs à cheval du régiment d'Alsace, jusqu'au-delà d'Héricourt, son objet était de prendre des informations sur les troubles prétendus de Saulnot, de voir à ce sujet le fermier et le régisseur du Prince à Héricourt, qui ne s'y est pas trouvé.

L'officier qui le commandait s'est porté à Chagey, où il était. Il lui dit n'avoir pas entendu dire qu'il y eut du désordre à Saulnot. L'officier l'a chargé d'y envoyer un exprès et de me faire rendre compte de son rapport tout de suite.

L'officier a répandu partout, suivant mes ordres et sans affectation, que je devais envoyer le lendemain à Saulnot un gros détachement, il se nomme M. Bouchard, il est rentré dans l'après midi, après avoir fort bien rempli sa mission.

Comme il y a une grande foire icy demain, j'ai ordonné une augmentation de dix hommes pour la pointe du jour dans les trois postes de la ville et augmenté les patrouilles qui, conjointement avec les milices bourgeoises, doivent veiller à la sûreté du faubourg durant la nuit.

Le 17 Aoust. — Les deux patrouilles à cheval du régiment de Lorraine ont fait leur recognoissance et n'ont rien trouvé de contraire au bon ordre.

La milice bourgeoise, à pied et à cheval a redoublé les patrouilles pendant la journée, par ce moyen et le secours des troupes, la foire s'est passée très tranquillement.

Le receveur du Prince de Montbéliard à Héricourt m'a rendu compte que l'envoyé à Saulnot a trouvé tout tranquille, mais que le bruit courrait que les communautés avaient envie d'y revenir pour demander du sel.

18 Aoust. — Les patrouilles ont trouvé tout tranquille aux environs de la ville. Un détachement de huit chasseurs s'est porté au-delà d'Héricourt et a trouvé tout de même. Un autre détachement du même régiment s'est porté sur Morvillars, y a trouvé tout tranquille également. Le receveur du château d'Andelnans, à une lieue d'ici, a rapporté seulement qu'on menaçait de brûler ledit château, si on ne donnait pas les titres (7).

M. de la Roche, commandant à Montbéliard, m'a marqué que les rapports annonçaient toujours que trente six communautés de la baronnie de Granges menaçaient de venir de nouveau à Saulnot pour y faire du train et peut-être détruire l'abbaye.

Une dame, nommée la baronne de Bonnalle, partie le matin pour Besançon, n'a été que jusqu'à Lisle(¹), à quatre postes d'icy, la maîtresse de poste du dit lieu lui ayant dit qu'il y avait beaucoup de train dans la dite ville.

(1) L'Isle sur le-Doubs.

19 Aoust. — Les deux patrouilles de Lorraine ont fait aussi la tournée autour de la place et ont trouvé tout dans l'ordre.

Je n'ai point fait sortir de détachement des chasseurs d'Alsace, n'ayant que de bonnes nouvelles des environs et tout étant appaisé à Giromagny, où il y avait eu dimanche, quelque tapage occasionné par des ivrognes.

Des personnes parties hier et revenues de Besançon et des charretiers, ont rapporté qu'il y avait eu effectivement quelques mouvements dans la dite ville, mais que tout y paraissait tranquille, hier matin.

En conséquence des arrêtés et du décret de l'Assemblée nationale, j'ai envoyé ordre aux commandants des détachements qui sont à Montbéliard, à Massevaux et à Armetschwiller, de ne point agir offensivement contre les citoyens français, à moins d'une réquisition par écrit des officiers civils ou municipaux des villes ou villages, laquelle réquisition doit être lue aux troupes.

20 Aoust. — Les deux patrouilles à cheval de Lorraine ont trouvé tout tranquille dans les environs de la ville. Le détachement qui a conduit le pain pour les troupes d'Altkirch n'a rien rapporté d'intéressant.

Un détachement du même régiment des chasseurs à cheval d'Alsace, commandé par un officier, s'est porté à Morvillars, route de Delle, il y a trouvé les villages assez tranquilles, celui de Morvillars n'a pas voulu payer la dîme, à ce qu'a dit le curé.

21 Aoust. — Les deux patrouilles à cheval du régiment de Lorraine sorties à l'heure ordinaire, ont trouvé tout en ordre dans les environs.

Un détachement des chasseurs d'Alsace qui s'est porté sur la route de Strasbourg, vers La Chapelle, a trouvé tout tranquille. Un autre détachement du même régiment s'est porté à Frayet (Frahier), route de Vesoul, où tout est calme, les habitants de ce village et d'un autre, qui en est près, et fait partie de la paroisse, ont refusé la dîme, au curé et à leur Seigneur.

M^r le Baron de Kloeckler m'a instruit que cinq des prisonniers détenus à Altkirch avaient été jugés, (7) l'un à être pendu et un autre aux galères perpétuelles, un autre aux galères pour quinze ans, et les deux autres pour trois ans. Ils ont été transférés à Hirsingue pour subir leur jugement, et les quatre galériens

seront conduits demain dans les prisons de cette ville (c'est-
à-dire à Belfort).

22 Aoust. — Les patrouilles du régiment de Lorraine n'ont
rien rapporté d'intéressant. Un détachement des chasseurs à
cheval d'Alsace s'est porté avec la Maréchaussée, à moitié chemin d'icy à Altkirch, pour y prendre des mains d'un même
détachement du même régiment, quatre hommes du village
d'Hirsingue, condamnés aux galères par la prévôté, et est
rentré avec les dits hommes à Belfort après midi, où ils ont été
mis en prison ; le dit détachement a rapporté que tout était
tranquille dans les villages de la route.

Les nouvelles de Besançon arrivées hier au soir avant minuit,
ont annoncé que tout n'y était pas encore fort tranquille et que
plusieurs détachements étaient à la poursuite de plusieurs
soldats de la garnison qui, joints à des mauvais sujets de la
ville ou des environs, causaient beaucoup de dégât.

J'ai reçu aussi l'ordonnance du Roy à la suite du décret de
l'Assemblée nationale, qui prescrit un nouveau serment pour
les troupes ; comme il n'y a point de lettre du ministre qui me
donne d'instructions à ce sujet, j'attends les ordres que le commandant en chef de la province doit donner pour que cette
opération se fasse uniformément dans son commandement.

Il est arrivé hier deux affûts de canon pour des pièces de
douze. Je les ai fait monter au château, et mettre dessus deux
pièces de douze.

23 Aoust. — Les deux patrouilles à cheval de Lorraine, sorties
à portes ouvrantes, ont trouvé tout tranquille dans les environs.
Il n'y a point eu de détachement des chasseurs d'Alsace.

24 Aoust. — Une patrouille du régiment de Lorraine est rentrée en ayant trouvé tout en ordre. Un détachement du même
régiment qui a escorté le pain de munition pour les troupes
d'Altkirch, jusqu'à quatre lieues, a trouvé tout tranquille sur
la route. Un détachement de chasseurs d'Alsace s'est porté à
Morvillars, route de Delle, où tout est calme.

Un autre détachement du même régiment, destiné pour
Giromagny, n'a été qu'à moitié chemin, ayant trouvé en chemin à une lieue d'icy le bailli du lieu, qui en revenait et lui a
dit que tout était fort tranquille. Les bourgeois et habitants y
ont formé quatre compagnies de milice nationale de quarante-

cinq hommes chacune, elles ont nommé un commandant, un lieutenant-colonel et un major ainsi que tous les officiers et bas officiers des dites compagnies (8). Et cette milice m'a fait assurer qu'elle serait à mes ordres chaque fois que j'en aurais besoin.

J'ai reçu ce matin une lettre de M^r le Comte de Rochambeau, avec plusieurs exemplaires du décret de l'Assemblée nationale, relatif à la tranquillité publique et au nouveau serment à prêter par les officiers et les soldats, avec recommandation de prendre, ce jour-là, la cocarde nationale, composée de couleurs blanche, bleue et rouge (9). Les troupes icy n'en ayant point, il faut quelques jours pour se procurer les étoffes pour ces couleurs, et aussitôt qu'elles seront prêtes, je ferai prêter ce serment.

25 Aoust. — Les patrouilles du régiment de Lorraine sont rentrées à l'heure ordinaire et ont trouvé tout tranquille.

Il n'y a point eu de détachement des chasseurs d'Alsace. Les cocardes prescrites étant presque achevées, j'ai ordonné que toute la garnison prenne demain les armes pour prêter le serment prescrit par l'ordonnance du Roy du 14 de ce mois.

J'ai fait remettre à chaque corps un exemplaire de cette ordonnance, précédée du décret de l'Assemblée nationale, avec la lettre de Sa Majesté aux officiers et soldats de son armée, pour le tout, être lu à chaque compagnie.

J'ai envoyé à M. de Mathis commandant le détachement du régiment de la Marine, à Massevaux, un exemplaire pareil, en lui prescrivant de faire prêter demain serment aux officiers, bas officiers et soldats qui sont sous ses ordres.

Le 26 Aoust. — Les patrouilles de Lorraine n'ont rien rapporté d'intéressant.

A neuf heures, toute la garnison a pris les armes sur la grande place. Messieurs les officiers municipaux s'y étaient rendus. J'ai fait prêter et j'ai prêté moi-même le nouveau serment prescrit, ainsi qu'il suit, en leur présence :

1° Aux chefs et officiers de tout le régiment de la Marine, placés à ce sujet au-devant de leurs troupes, la main droite levée.

2° Aux bas officiers, caporaux, appointés, grenadiers et fusilliers du même régiment, la main droite levée.

3° Au détachement du régiment de dragons de Lorraine, qui est ici au nombre de soixante-treize hommes et deux officiers, dans la même forme qu'à la Marine.

4° Aux deux escadrons du régiment des chasseurs d'Alsace, commandés par M. le Comte de Murat, major, dans la même forme que ci-dessus.

Les quatre compagnies bourgeoises de la ville et celle des volontaires à cheval se sont assemblées devant l'Hôtel de Ville en même temps et ont prêté leur serment entre les mains de M. le Comte de Gestas, leur commandant.

5° L'état-major de la place, à la tête duquel était M. le Baron de Chazelles, lieutenant du Roi, les officiers du corps du génie et ceux de l'artillerie, les commissaires des guerres et moi, avons prêté le même serment que les officiers, en présence des officiers municipaux.

La place étant un peu petite et les troupes y étant rassemblées, je les ai fait rentrer dans leur quartiers sans défiler.

Mr de la Roche, commandant le détachement de Montbéliard, me marque que l'on menace de brûler les faubourgs de la ville. Je lui ai marqué que j'espérais que cette menace ne se réaliserait pas plus que l'annonce de l'arrivée des mille ou onze cents brigands qu'on avait souvent annoncée depuis mon séjour icy; qu'il y avait des forces pour s'y opposer, qui jointes aux forces de la souveraineté de Montbéliard (¹), que le Prince devait avoir fait armer avec les six cents fusils qu'il avait reçus de Berne, devaient suffire pour se mettre à l'abri. Qu'au surplus, s'il était attaqué par des forces supérieures, on m'en ferait prévenir, je lui enverrais tout de suite du secours.

M^r le Baron de Kloeckler me marqua que leur détachement a prêté hier le serment nouveau et que tout est tranquille à Altkirch et environs; je lui ai envoyé copie de la lettre de Mr de Clermont-Tonnerre, président de l'Assemblée nationale.

Les nouvelles d'Huningue annoncent la même tranquillité et que le serment y a été prêté, ainsi qu'aux différents détachements du régiment de Bourgogne.

27 Aoust. — Les patrouilles de Lorraine ont trouvé tout tranquille; un détachement de chasseurs d'Alsace s'est porté à Giromagny, commandé par un officier, tout est assez tranquille, mais il a appris qu'au village du Puy qui est en avant, douze mécontents se sont portés dans les bois du Seigneur et y ont coupé beaucoup d'arbres pour l'entretien de leurs maisons et de leurs charrettes. On dit aussi à Giromagny, que les douze

(1) Il y a là exagération. car c'est trois cents fusils seulement que les envahisseurs de Belfort enlevèrent au château de Montbéliard.

communautés composant le Rosemont se porteront semblablement à la même violence.

Un autre détachement du même régiment s'est porté à Héricourt, où tout est tranquille, et où l'on assure que les environs le sont aussi.

28 Aoust. — Les deux patrouilles de Lorraine sont rentrées après avoir passé dans tous les environs de la ville, où tout était tranquille.

Un détachement des chasseurs d'Alsace, commandé par M. de Bouchat, s'est porté sur le chemin de Colmar jusqu'à celuy qui conduit à Massevaux et a tout trouvé dans l'ordre sur les villages de la route.

Un autre détachement du même régiment a accompagné la voiture portant le pain au détachement d'Altkirch, jusqu'à Chavanne.

29 Aoust. — Les patrouilles de Lorraine ont trouvé tout en règle dans les environs de la place. Un détachement des chasseurs d'Alsace, commandé par un officier, qui s'est rendu à Morvillars, route de Delle, n'a rien rapporté d'intéressant.

J'ai reçu ce matin, avec une lettre de M. le Comte de Rochambeau, l'ordre du Roy pour y faire partir demain matin le second bataillon du régiment de la Marine, pour se rendre à Huningue, y relever celui de Bourgogne, qui a ordre d'en partir le 1er septembre, pour Vienne en Dauphiné. Ce bataillon de la Marine doit prendre, en passant à Altkirch, la compagnie de chasseurs et attendre à Huningue l'arrivée du régiment d'infanterie de Bretagne qui doit le relever. Il se rendra ensuite icy.

Le régiment de Bourgogne devant aussi prendre en passant à Altkirch, la compagnie de chasseurs, j'ai donné ordre, à la première compagnie de fusiliers du 1er bataillon de la Marine, de partir demain matin, comme le prescrit M. le Comte de Rochambeau, pour se rendre à Altkirch, aux ordres de M. le baron de Kloeckler.

M. le Comte de Rochambeau m'a fait aussi part par sa lettre que le régiment de chasseurs à cheval d'Alsace, de Neubrisach, sera ici le 4 septembre, pour se rendre à Bourg-en-Bresse ; j'ai prévenu les détachements de ce régiment qui sont à Altkirch et à Montbéliard, d'être aussi rendus ici le 4 septembre, pour se réunir à leur régiment,

M. le Comte de Rochambeau et M. le Baron de Falkenhayn m'ont prévenu que j'aurais ici ou à mes ordres, deux cents chevaux du régiment des chasseurs de Champagne qui doivent arriver le 5, et dont 25 resteront à Cernay. J'en dirigerai cinquante sur Altkirch, j'en enverrai quarante à Montbéliard et garderai ici le reste.

30 Aoust. — Les patrouilles de Lorraine ont fait le tour des environs de la ville et ont trouvé tout tranquille ; le second bataillon du régiment de la Marine est parti à quatre heures et demie du matin, avec la première compagnie du premier.

Il n'y a point eu de détachement des chasseurs d'Alsace. Il m'a été rendu compte par Mʳ le Comte de Gestas et Rosset, commandant les compagnies bourgeoises de la ville, qu'un détachement de huit hommes qu'il avait envoyé et laissé pendant la nuit, pour garder les bois du Salbert, qui appartiennent à la ville, avait essuyé beaucoup de coups de fusil de la part des habitants du village d'Essert situé au pied du Salbert, où il n'y a eu personne de blessé, et les bourgeois se sont fort bien conduits, n'ayant pas tiré un seul coup. Il paraît que cette attaque a été occasionnée parce que, pendant le jour, le susdit détachement s'était porté dans le dit village et avait fait enlever le bois nouvellement coupé, qu'ils avaient cru reconnaître avoir été pris dans le Salbert. J'ai conseillé à ces Messieurs d'engager Messieurs de la commission intermédiaire du district de Belfort, à faire venir le maire, le syndic et les officiers de la municipalité du dit village pour éclairer cette affaire et s'arranger. Ces officiers municipaux mandés sont venus dans l'après midi chez MM. de Reding et de Reinach. Je me suis transporté chez ces Messieurs à la prière de M. Rosset pour leur dire que la bourgeoisie consentait à tout oublier, pourvu que les habitants prissent l'engagement de n'y plus revenir, mais qu'ils se refusaient de pardonner en cas qu'ils ne fussent pas tranquilles.

M. Rosset et quatre des habitants (de Belfort) faisant partie du détachement de la nuit, ont répété qu'ils consentaient à tout oublier, en y mettant seulement la condition que les habitants (d'Essert) s'engageraient à ramener à Belfort le bois que le détachement avait fait sortir du village et que les habitants avaient enlevé pendant la nuit, ce qui a été promis par les maire, syndics et officiers municipaux d'Essert, qui sont repartis à six heures et demi après-midi.

31 Aoust. — Les patrouilles à cheval de Lorraine ont fait leur tournée et recognoissance ordinaire et tout est tranquille.

Tout le restant du détachement des chasseurs d'Alsace qui devait faire une promenade militaire devant servir de recognoissance au loin, n'est pas sorti à cause d'une pluie continuelle.

J'ai reçu une lettre de Mr de Falkenhayn qui me marque que devant faire une tournée à Rouffach, Cernay et Thann, il se rendra, ici en ville, pour la revue du régiment de la Marine.

Mr le Comte de Rochambeau m'a marqué que j'aurai ici le 5 septembre, cent cinquante chasseurs à cheval du régiment de Champagne au lieu de deux cents sur lesquels je comptois et que sur ce détachement, il faut en envoyer vingt-trois à Altkirch et autant à Huningue.

1er Septembre. — Les patrouilles de Lorraine ont trouvé tout tranquille. Tout le détachement des chasseurs d'Alsace a fait une promenade militaire jusqu'à Héricourt, où tout est tranquille.

Les habitants du village d'Essert ont ramené le bois à la ville, comme ils en étaient convenus le 30 août.

J'ai l'honneur de mander à M. le prince (Frédéric) Eugène, duc de Wurtemberg, que je ne pourrai lui envoyer qu'un détachement de vingt-cinq chevaux des chasseurs de Champagne, pour relever ceux d'Alsace, parce que M. le Comte de Rochambeau ne m'en envoyait, pour fournir à mes détachements, que cent cinquante au lieu de deux cents qui m'avaient été annoncés.

2 Septembre. — Les patrouilles de Lorraine sorties à l'ordinaire ont trouvé tout tranquille. Un détachement des chasseurs d'Alsace s'est porté près Giromagny, à La Chapelle, et n'a rapporté que des nouvelles rassurantes.

Le régiment de Bourgogne est arrivé un peu avant midi, dans le meilleur ordre.

3 Septembre. — Le régiment de Bourgogne est parti à quatre heures du matin, les patrouilles de Lorraine sont sorties à la pointe du jour et, après avoir parcouru les environs de la ville, ont trouvé tout tranquille.

Tout le détachement des chasseurs d'Alsace a fait une promenade militaire en se portant sur Morvillars, route de Delle, où il a trouvé tous les villages tranquilles.

J'ai envoyé ordre à ce détachement de ce régiment de se rendre ici demain, d'Altkirch.

J'ai envoyé ordre au commandant des cent cinquante chevaux des chasseurs de Champagne qui arrive demain à Cernay, d'en diriger cinquante après demain matin, sur Altkirch, dont vingt-cinq resteront, et vingt-cinq autres se rendront, le 6, à Huningue.

4 Septembre. — Une patrouille du régiment de Lorraine a trouvé tout tranquille dans les environs de la ville. Un détachement du même régiment a accompagné le pain pour la compagnie de Dubarri, qui est à Altkirch, et a trouvé tout tranquille.

Le régiment des chasseurs d'Alsace est arrivé à une heure après midi, venant de Neubrisac.

M^r le Baron de Falkenheym est arrivé à quatre heures et doit passer demain la revue du régiment de la Marine. J'ai reçu ce soir la réponse de M. Legras, major commandant le détachement des chasseurs de Champagne, qui me mande qu'il enverra demain cinquante chevaux à Altkirch, dont 25 se rendront à Huningue.

5 Septembre. — Les patrouilles du régiment de Lorraine sont rentrées ayant trouvé tout tranquille.

Le régiment des chasseurs d'Alsace est parti à sept heures du matin. Le détachement de celui des chasseurs de Champagne est arrivé à une heure après midi, au nombre de cent vingt-cinq chevaux, il en a laissé vingt-cinq à Cernay et envoyé cinquante à Altkirch, dont vingt-cinq se rendront demain à Huningue.

M^r le Baron de Falkenhayn a passé ce matin en revue le premier bataillon du régiment de la Marine, le second étant à Huningue.

6 Septembre. — Les patrouilles du régiment de Lorraine sont rentrées hier, ayant trouvé tout tranquille dans les environs.

Un détachement de vingt-cinq chasseurs de Champagne, commandé par M^r le chevalier de Compiègne, capitaine, et M. Chapuis, sous-lieutenant, est parti à huit heures du matin pour remplacer, à Montbéliard, celui des chasseurs d'Alsace qui en était parti hier.

7 Septembre. — Les patrouilles de Lorraine ont trouvé tout tranquille. Presque tous les chevaux des chasseurs de Champagne étant échauffés, et étant nécessaire de les faire saigner et rafraîchir, je n'ai point fait sortir de détachement de ce régiment. Il a déjà perdu trois chevaux et en a deux en danger. Le chef attribue ces accidents au foin nouveau qu'ils ont consommé dans les environs de Ruffac, Guebwiller, Cernay et autres endroits où ils ont été détachés depuis deux mois pour la tranquillité publique.

M[r] le Baron de Falkenheym a tenu conseil d'administration du régiment de la Marine, vérifié et signé tous les registres de comptabilité et arrêté la revue définitive.

8 Septembre. — Une patrouille de Lorraine a trouvé tout tranquille dans le dehors. Un petit détachement du même régiment a escorté le pain de munition pour Altkirch, jusqu'à Chavanne et a trouvé tout tranquille.

M[r] le Baron de Falkenhayn est parti pour Altkirch à huit heures du matin et m'a donné rendez-vous vendredi au Neubrisach.

9 Septembre. — Les patrouilles de Lorraine sont rentrées ayant trouvé tout tranquille. Il n'est point sorti de détachement des chasseurs de Champagne, tous leurs chevaux ayant été saignés ce matin, et continuant, le soir. Il en est mort deux, ce qui fait cinq depuis l'arrivée.

J'ai prévenu de mon départ, fixé à demain, M[r] le Comte de Rochambeau, le baron de Kloeckler, ainsi que Mr de Mathis, de Milland et le chevalier de Compiègne, commandant les détachements de Massevaux, de Morschwiller et Montbéliard, et prescrivant à ce dernier de correspondre avec M[r] le Baron de Chazelles, lieutenant du Roi, de Belfort, pour tout ce qui les concernait, en leur marquant que j'allais au rendez-vous, ensuite à Schlestadt, et que mon absence serait de huit à dix jours.

J'ai prescrit à M. le Baron de Chazelles de donner des secours à ces détachements ainsi qu'à celui d'Altkirch, si les circonstances l'exigeaient.

Du 10 au 19 Septembre, en tournée d'inspection

Le 19 septembre. — Je suis arrivé l'après midi venant de Schlestadt. M. de Chazelles et le Comte de Gestas m'ont rendu

compte des ordres donnés par M. le Comte de Rochambeau en
vertu d'une réquisition de M. de Tholozan, administrateur
général des subsistances militaires, pour faire escorter un
convoi de farines destiné pour la garnison de Besançon, et du
retard qu'a éprouvé l'exécution de cet ordre, la milice bourgeoise (de Belfort) ne voulant pas le laisser passer, dans la crainte
qu'il ne fut pour l'étranger (apparamment pour Montbéliard).

Les magistrats avaient en conséquence composé un comité de
vingt-cinq notables de la ville pour délibérer à ce sujet et avaient
conclu à laisser passer ce convoi. Les ordres ont en conséquence été donnés pour faire charger demain matin les voitures destinées à ce transport.

Le 20 Septembre. — Une patrouille de Lorraine a fait la découverte à l'ordinaire et a trouvé tout tranquille. Un détachement
du même régiment a accompagné le pain pour Altkirch. Un
détachement du régiment de la Marine, composé d'un sergent,
d'un caporal et de douze grenadiers, est parti à midi, en escor-
tant un convoi de soixante et quelques sacs de farine destiné,
comme il est dit ci-dessus, pour la subsistance des troupes de
la garnison de Besançon. Ce détachement doit remettre le
convoi entre les mains de la brigade de maréchaussée établie à
Arcey, à quatre lieues d'ici, en Franche-Comté. J'ai envoyé
ordre à celui qui commande cette brigade, de conduire avec
elle le convoi jusqu'à Baume-les-Dames, d'où la maréchaussée
établie dans cette dernière ville le conduira jusqu'à Besançon
et le remettra au directeur des vivres.

Les ordres ont été donnés pour relever tous les chasseurs de
Champagne à Montbéliard, par un même nombre de ce régiment, les mêmes officiers y restant.

21 Septembre. — Les deux patrouilles de Lorraine ont trouvé
tout tranquille ; le détachement de grenadiers, parti hier pour
escorter le convoi de farines est rentré à midi. Il avait couché
à Arcey, et a rapporté le reçu du brigadier de la maréchaussée,
du dit convoi, et de l'ordre que je lui avais adressé pour l'escorter jusqu'à Baume.

La première compagnie du régiment de la Marine qui était
à Altkirch, est rentrée à midi et demi avec le second bataillon de
ce régiment venant de Huningue, hors la compagnie de chas-

seurs qui a relevé à Altkirch la première compagnie du dit régiment. Ils sont tous arrivés en très bon ordre.

Un détachement de vingt-trois chasseurs à cheval du régiment de Champagne est parti ce matin pour relever, à Montbéliard, pareil détachement qui est rentré à Belfort sur les quatre heures après midi.

22 Septembre. — Les patrouilles de Lorraine ont trouvé tout tranquille. Sur la réquisition du maire et des officiers municipaux du village d'Essert, j'ai envoyé un détachement de vingt chasseurs à cheval du régiment de Champagne, dans le dit village.

Il était question de faire rendre à quelques femmes d'Héricourt quelques miches de pain qu'elles avaient achetées il y a deux jours et que quelques habitants avaient retenues et ne voulaient, ni rendre ni payer. Cette mission a été remplie sans faire de mal à personne.

Le comité formé à l'Hôtel de Ville a fait un règlement qui prescrit aux boulangers de ne vendre le pain qu'à la livre, et non à tant la miche, pour éviter que les habitants ne fussent lésés, les miches n'ayant souvent pas le poids prescrit, de douze livres.

J'ai reçu ce matin une lettre du ministre qui annonce que le Roi accorde le semestre aux officiers, bas officiers et soldats de ses troupes pour le 1er octobre. Je l'ai communiqué aux chefs de la garnison et au commissaire des guerres. — J'ai écrit.

23 Septembre. — Les patrouilles de Lorraine ont trouvé tout tranquille. Les officiers municipaux de Massevaux m'ayant mandé, pendant que j'étais en tournée d'inspection, qu'ayant formé des compagnies bourgeoises, je serais le maître de retirer quand je le voudrais le détachement qui était dans leur ville, M. de Chazelles avait communiqué cette lettre à Mr le Comte de Rochambeau, dont j'ai reçu lundi une réponse, que j'ai communiquée à M. de Mathis, commandant à Massevaux le détachement de la Marine. J'attends la réponse pour prendre un parti, qui demande de la réflexion. Tout le chapitre des Dames de Massevaux désire fort conserver ce détachement.

Les ordres ont été donnés pour relever, à Montbéliard, le détachement de la Marine commandé par Mr d'Affeugues.

24 Septembre. — M. de Pujet, lieutenant en second, est parti à cinq heures du matin, avec trente hommes du régiment de la Marine, à Montbéliard, et y relever pareil détachement de son régiment. Je lui ai donné une instruction précise, pour ne point favoriser la sortie des grains de France, qui est défendue, et de ne point agir contre des citoyens français, à moins d'une réquisition de la part des officiers civils ou municipaux des villages ou villes françaises. Il doit, à cela près, se conformer aux ordres de M. le Prince de Montbéliard.

J'ai donné la même consigne à M. le Chevalier de Compiègne qui commande les chasseurs d'Alsace à Montbéliard, où j'ai été aujourd'hui faire ma cour à Leurs Altesses.

Les patrouilles de Lorraine ont trouvé tout tranquille.

25 Septembre. — Madame l'Abbesse de Massevaux ainsi que le bailli seigneurial de la dite ville m'ayant requis de laisser à Massevaux pendant l'hiver une trentaine d'hommes, dont la moitié serait logée par l'abbaye, l'autre par le bailli seigneurial, et Messieurs de la municipalité m'ayant marqué que si j'établissais ce détachement, ils concoureraient avec lui et leur milice bourgeoise à maintenir l'ordre et à protéger l'abbaye, le château et toutes les autres possessions quelconques, j'ai envoyé ordre à M. de Mathis, capitaine qui commande les quarante et un hommes de la Marine, de laisser dans cette ville M. de Creny, lieutenant, avec deux sergents, deux caporaux et vingt-six fusiliers et un tambour, et de s'en revenir dimanche avec le reste de son détachement.

On a soupçonné une femme des environs d'accaparer le beurre pour le faire vendre plus cher, en conséquence elle a été arrêtée avec environ trois cents livres de beurre, par la milice bourgeoise, et le comité de l'Hôtel de Ville a ordonné que ce beurre fut vendu, ce qui a été exécuté.

26 Septembre. — Les patrouilles de Lorraine ont trouvé tout tranquille. Les officiers du régiment de la Marine se sont rassemblés chez M. de Bélande, pour fixer le semestre et en signer le procès-verbal.

27 Septembre. — Les patrouilles de Lorraine ont trouvé tout tranquille.

Cet après midi, trois de Messieurs les officiers municipaux, savoir : M^r le Curé, de Grandidier et Chardoillet sont venus chez moi pour me dire qu'ils n'avaient aucune envie de faire une émeute dans Belfort, c'est-à-dire la municipalité ; et qu'on leur avait dit que j'avais écrit à M^r le Comte de Rochambeau à ce sujet.

Je leur ai dit que je n'avais aucune idée d'émeute de leur part, mais que comme j'étais franc, je ne leur cachais pas que j'avais écrit à ce commandant que je craignais que l'établissement de la municipalité n'occasionnât des troubles ou des divisions entre les habitants, parce que depuis que j'étais ici, j'avais toujours entendu dire qu'il y avait de la division entre eux et les magistrats ; que j'étais amateur de la paix et de l'union, qui me paraissait le seul moyen d'opérer leur bonheur et celui de toute la ville, et que l'assurance qu'ils me donnaient de leurs sentiments à ce sujet, m'était infiniment agréable.

28 Septembre. — Les patrouilles de Lorraine sorties à portes ouvrantes, à l'ordinaire, ont trouvé tout tranquille. Il y a eu une foire aujourd'hui qui s'est tenue très tranquillement.

J'ai reçu une lettre de M^r le Comte de Rochambeau qui m'annonce l'arrivée du Commissaire général Cavalerie, à Belfort, pour le 27 octobre. Il m'envoie aussi copie d'une lettre qu'il a reçue de M^r le Baron de Kloeckler relativement aux troupes dont il a besoin pendant l'hiver à Altkirch et du transport des prisonniers détenus à Altkirch, soit pour Huningue soit pour Belfort.

Messieurs Gentil, Legai et Blétri, membres de la municipalité, sont venus me renouveler qu'ils avaient à cœur l'union et que leur désir de l'entrée en fonction ne provient que de l'envie de mettre de l'ordre dans les affaires.

J'ai expédié l'ordre pour M^r le Chevalier de La Gande, sous-lieutenant du régiment de chasseurs à cheval de Champagne, pour aller relever à Montbéliard M. le Chevalier de Compiègne, capitaine du même régiment, qui va aller en semestre, et prendre le commandement du détachement qui est dans ladite ville.

29 Septembre. — Les patrouilles de Lorraine ont trouvé tout tranquille. J'ai remis à Mr de Chazelles, à cause de mon départ fixé à demain, copie des ordres donnés aux différents détachements, avec les lettres du ministre des 13 et 27 aoust, concernant les secours à donner aux princes de Montbéliard et Evêque de Bâle, ainsi que les lettres du Chapitre de Massevaux, du receveur seigneurial et des officiers municipaux de la même ville, pour le détachement de la Marine, que j'ai laissé à Massevaux, commandé par M. de Creny, lieutenant. Je lui ai remis aussi une lettre de ce dernier, deux de Mr de Mathis, et une de M^r le Comte de Rochambeau, du 26 septembre, à laquelle était jointe une copie de celle de M. de Kloeckler du 25 septembre et l'extrait de la route du régiment commissaire général, qui arrive à Beffort le 7 octobre.

Il s'est tenu ce matin un grand comité à l'Hôtel de Ville, relativement à une décision de l'Assemblée intermédiaire d'Alsace, qui, en suspendant l'entrée en fonctions de la nouvelle municipalité, demande l'avis du comité et même de la commune sur cet objet.

J'ai ouï dire que la majorité du comité était pour prononcer la nécessité de la nouvelle municipalité et que plusieurs membres du comité s'étaient retirés sans donner leur avis.

C'est par ces derniers mots que, sans commentaires, se termine le journal.

L'ordre ne régnait donc pas dans cette cité turbulente de Belfort et cela dura longtemps, puisqu'en 1791, comme on l'a vu dans nos chapitres précédents, tout le monde semblait y être maître.

Journal du Comte du Lau

NOTES EXPLICATIVES

1). — Le stratagème qu'emploie du Lau de faire sonner le tocsin, est amusant. Mais combien plus singulière est cette attitude des paysans qui, pour empêcher que les brigands ne pillent, sont eux mêmes de vrais brigands en s'évertuant de forcer les portes de l'arsenal pour s'emparer des armes qu'il renferme.

2). — On voit là l'homme pressé d'arriver à destination et qui connaît le prix du temps. Notre intention n'est pas de donner ici une biographie de cet homme d'Etat, mais d'indiquer simplement quelques dates de sa carrière.

J. Necker, banquier, homme d'Etat, écrivain. né à Genève en 1732, mort à Coppet au bord du lac de Genève en 1804. Il ne laissa pas d'héritiers mâles. Les ducs de Broglie et les comtes d'Haussonville, par Mme de Staël, descendent de lui.

Necker créa à Paris, avec Chélusson frères, une banque qui prit une rapide extension. Il prêta de l'argent au Trésor. fut administrateur de la Cie des Indes, puis, dans le commerce en grand des grains, fit une rapide fortune et se retira à Genève.

En 1776 il revint à Paris, fut en 1777 nommé directeur du Trésor Royal en refusant tout traitement. Vrai patriote, son but était de réduire les dépenses. supprimer un grand nombre de charges et établir une comptabilité claire et précise. Pour arriver à une répartition plus juste de l'impôt, il fit réviser les cotes.

La guerre d'Amérique le força à contracter des emprunts et la confiance qu'il inspirait lui permit de se procurer les cinquante-trois millions dont il avait besoin.

Environné, comme il l'était, d'ennemis, que lui avait valu sa politique d'économies, Necker demanda, pour mieux soutenir ses vues son entrée au Conseil royal. Mais comme Maurepas y mit pour condition qu'il abjurerait le protestantisme, il refusa et donna sa démission en 1781.

Après avoir été exilé à vingt lieues de Paris. il est rappelé en 1781 avec entrée au Conseil et la charge de Directeur des finances.

Il fit décider la réunion des Etats Généraux, accorda au Tiers-Etat le doublement de ses représentants. Mais lorsque la Cour songea à préparer un coup de force contre les Etats, son premier soin fut de se débarrasser une fois de plus, de Necker. Il est disgracié, se retire à Bruxelles, puis à Bâle, d'où nous l'avons vu revenir.

3). — Ici du Lau veut dire sans doute : faire rentrer les troupes à Altkirch. Le passage est intéressant en ce sens que ceux qu'on qualifie *brigands* ne sont autres que *les habitants des communautés voisines.*

Aujourd'hui, si les voleurs abondent encore, dans cet ordre d'idées, ce n'est plus la classe agricole qui tient la tête. Bien au contraire, de nos jours, les paysans, précieux éléments d'ordre, se distinguent par un acharnement au travail, en vue souvent de résultats des plus maigres. Ils sont : rangés, sobres, très enclins à l'épargne. Dans le pays de Montbéliard dont nous parlons à ce moment, c'est surtout depuis une soixantaine d'années que la situation a le plus changé. Qu'on se rende compte de l'aisance actuelle et qu'on la compare au tableau, qu'à propos du choléra dressait, en 1854, M. le Dr H. Tueffert, qui s'exprime ainsi dans les Mémoires de la *Société d'Emulation de Montbéliard* :

« Quoique nos environs soient fertiles, la grande majorité des cultivateurs ne jouit que d'une aisance très médiocre. Beaucoup même éprouvent une gêne qui touche de près à la misère. Quelle que soit ou leur fortune ou leur pauvreté, les habitants de nos villages ne possèdent pas la moindre notion de l'hygiène. Leur nourriture consiste en laitages, féculents, soupes maigres, légumes verts ou secs et pain bis. La viande de porc salée est la seule dont ils fassent usage une fois par semaine. Ils se logent à l'étroit dans des maisons sales et obscures et l'on verra que c'est principalement à cette dernière condition qu'il paraît rationnel d'attribuer la violence de l'épidémie ».

4). — Une lettre du comte de Rochambeau au Baron de Falkenheym en date du 7 août nous éclaire sur l'origine de cette sédition :

« Nous sommes depuis trois jours, mon cher Baron, mes officiers généraux et moi, fort occupés, mais tout est rentré dans la tranquillité, dans l'ordre et dans la subordination. Une diable de gratification de 20 sols par homme, que j'ai retardée de dix jours, mais qu'il a été impossible d'empêcher les bourgeois de donner aux soldats, a été le sujet de tout ce mouvement. Toute la garnison a été ivre pendant deux jours, excepté les gens de service qui se sont parfaitement bien conduits. Tout est rentré dans ses quartiers. Ils pleurent tous de leurs excès et en demandent pardon à genoux. Je vous embrasse, mon cher Baron, de tout mon cœur. »

5). — Bien que cela dut le toucher personnellement, du Lau enregistre, sans commentaire, la délibération de la nuit du 4 au 5 août, l'une des dates marquantes de l'histoire de la Révolution française.

6). — La lettre de la princesse de Montbéliard que nous avons reproduite se rapporte à cette question. C'est le 23 juillet que la saline de Saulnot, avait été pillée. Depuis ce moment les communautés de la terre de Granges étaient dans une ébullition continuelle. Ce premier succès de leurs armes les avaient grisées. Aussi s'attendait-on chaque jour à l'explosion de nouveaux désordres.

7). — Evidemment il s'agit d'un second jugement de prisonniers, car ni le nombre des condamnés, ni les peines encourues, ni le lieu d'exécution, ne concordent avec le récit de du Lau du 14 août.

8). — Etant donné le peu d'importance de la localité, il y a là surabondance d'officiers. Mais déjà à cette époque, on avait remarqué que c'était une mesure sage en politique de faire beaucoup de satisfaits, en laissant de côté les considérations accessoires.

9). — Voir ce que nous avons dit au chapitre III de la question alors passionnante de la cocarde.

NICOLAS THIERRY

PROMOTEUR DE LA RÉUNION DE LA RÉPUBLIQUE DE MULHOUSE
A LA RÉPUBLIQUE FRANÇAISE (1798)

CHAPITRE XI

————

Lettres relatives à la Réunion de Mulhouse à la France

Ce n'est pas le fait historique et intéressant de la Réunion de
Mulhouse à la France que nous nous proposons de traiter ici.
Ce sujet a été exposé en 1898 par M. Meininger dans le bulletin
du *Musée historique de Mulhouse* et tout récemment, ce même
auteur est revenu sur la question.

Ce que nous nous bornerons à faire, c'est de mettre au
jour certaines correspondances, ignorées jusqu'ici, qui nous
permettront d'exposer la genèse de l'évènement, mieux qu'il
n'a été possible de le faire jusqu'ici.

Ses causes sont diverses.

La moins ignorée, celle sur laquelle on a le plus insisté
jusqu'ici, c'est la question des douanes.

Mulhouse, comme Montbéliard francisé cinq ans plus tôt, en-
cerclé comme lui par la douane française qui l'entourait de
toutes parts, était considérablement gêné, pour son commerce
et dans son développement. Seule l'Union avec la France pouvait
faire disparaître les barrières existantes.

Mais d'autres raisons tout aussi pressantes devaient contribuer
à amener ce résultat. Les principes républicains démocrates,
éclos en France, avaient largement pénétré dans cette ville qui,
dit M. Max Dollfus (¹), n'était qu'une oligarchie où quelques
familles patriciennes unies entre elles par d'incessantes allian-
ces, surent détenir tout le gouvernement pendant plus de
trois cents ans.

Aussi à la Réunion à la France, par principe étaient opposés,
tout les patriciens : nommons les Mieg, les Hofer et les Dollfus,
appuyés par la bourgeoisie en général. Mais les circonstances
étaient si pressantes qu'un clan, en tête duquel se mirent des
gens énergiques, les Kœchlin, et dirigé par Nicolas Thierry, le

(1) Généalogie de la famille Dollfus par Max Dollfus.

licencié, dont on possède un beau portrait attribué à David, par la parole et par l'action, finit par avoir le dessus. Ils firent, à une énorme majorité, voter en principe, la Réunion, mais toutefois sans avoir pu empêcher le partage, presque complet et à jamais regrettable, des biens de la Cité, estimés à cette époque à deux millions de livres.

En résumé, la question douanière est loin d'être la seule cause de l'évènement, dû principalement au mouvement démocratique de l'époque, facilité par la rivalité d'influence des principales familles.

Dans son livre intitulé *La Succession de Jean Thierry de Venise*, Mr Charles Thierry-Mieg qui a fouillé autant qu'il est possible la question, donne les renseignements biographiques suivants sur Nicolas Thierry :

Né à Mulhouse, en 1758, doué d'une intelligence remarquable, Nicolas Thierry fit ses études de droit. En 1775, il fut licencié à Leipzig, et, à Strasbourg, en 1776, licencié en droit civil et canonique. L'année suivante, à 19 ans, il épousa Gertrude Kœchlin, fille de Samuel Kœchlin, l'un des fondateurs, à Mulhouse, de l'industrie de l'indienne.

Il établit en 1781 avec son beau-frère J. Jacques Kœchlin, docteur en médecine, un Institut de Commerce, certainement l'une des premières écoles de ce genre créées en Europe et que les événements politiques forcèrent de fermer en 1787. Elle était fréquentée par des jeunes gens, principalement de Suisse, et surtout de Bâle.

Ce fut l'un des membres les plus assidus de la société pour la propagation du bon goût et des Belles-Lettres, fondée à Mulhouse en 1775. Aux banquets de la société il égayait ses collègues par des chansons patriotiques de sa composition, mises en musique par son ami Gaspard Weiss. Il s'occupa de la Société de tir à l'arbalète qu'il avait contribué à réorganiser. Il était lié d'amitié avec les notabilités intellectuelles de son époque, notamment avec Lavater, et Pfeffel, le poète de Colmar.

Dès 1790, chargé des négociations avec la France il fit, à diverses reprises, soit seul, soit avec d'autres délégués, soit avec sa femme et ses enfants, des séjours de plusieurs mois à Paris. Le premier, à Mulhouse, il comprit que la Réunion avec la France serait un bienfait pour sa ville natale, et dès lors, il s'attacha fortement à cette idée, comme nous allons le voir.

Dans une pièce curieuse adressée au Comité diplomatique et de commerce, du 3 Janvier 1792 et que les députés de Mulhouse datent fièrement de « L'an 277 de *notre* liberté » (*Arch. Nat. AF*[III] *103*), ils se montrent tenaces et disent :

« Sans doute que l'Assemblée ne voudra pas prolonger notre séjour dans la capitale quand elle saura que nous y languissons depuis quinze mois ».

Nous avons ouvert tout dernièrement le portefeuille de Jean Ulrich Metzger, de Colmar, le négociateur habile et heureux de la Réunion, et nous en avons extrait un certain nombre de lettres de Thierry, ainsi que d'autres encore, que, dans leur simplicité, nous trouvons instructives et intéressantes.

Présentons les :

L'entrée en matière nous est fournie par la lettre suivante du bourgmestre Hofer.

***

JEAN HOFER, BOURGUEMESTRE, AU CITOIEN J. METZGER A COLMAR.

Mulhouse, le 4 Janvier 1798.

Citoïen !

Thiéry me marque que vous aurez la bonté de vous entretenir avec moi sur les affaires de notre ville. Comme il sait qu'il est impossible que j'aille à Colmar, il me fait espérer que vous viendrez à Mulhouse sur mon invitation, ce que je vous prie d'avoir la complaisance de faire, sans différer s'il est possible.

Comme nous devons nous entretenir de particulier en particulier, je vous prierai de prendre le logement au Sauvage, quelque désir que j'auroi de vous voir logé chéz moi, Thierry croit aussi que ce sera plus convenable. Nous avons eu Mardi comité, dans lequel l'on a été unaniment d'accord de traiter définitivement avec le gouvernement français, Hier, au Grand Conseil il y avait 97 voix contre 5 et dans l'assemblée de la bourgeoisie, dont je sors à l'instant, il y avoit 591 voix contre 15 pour la proposition du comité. Tout s'est passé avec ordre et décence, et il y a toute aparence que la tranquilité se soutiendra parfaitement. Le Doct. Kœchlin et Sébastien Spœrlin ont été nommés Députés pour Paris.

Je vous embrasse de cœur.   *Hofer,* Bourguemestre.

***

Jean Hofer, fabricant d'indiennes, le signataire de cette lettre, fut le dernier bourgmestre de Mulhouse et, dans les moments difficiles qu'il eut à traverser, il administra cette république avec une grande sagesse. « Sans vos conseils, a-t il écrit à Metzger, qu'il traite de cher et respectable ami, je serais fort embarrassé ». Il l'entretient des arrangements qu'on se propose de prendre à Mulhouse pour les églises et le culte, et pour qu'une partie des biens de la ville tourne au profit de l'hôpital. Hofer nous semble, dans cette affaire, être un résigné. Il fait ce que les circonstances commandent.

Bien renseigné, Metzger n'allait pas arriver novice à Mulhouse. Dès le 9 Nivôse, Nicolas Thierry lui avait fait part de sa nomination comme commissaire, par le Directoire, auprès duquel il avait accès, et, lui parlant librement de ses concitoyens de Mulhouse, il dit : « Ils ont grand besoin de vos lumières, car personne n'est plus neuf ni plus gauche en fait de révolution et d'actes hors de notre baroque constitution, que nos gens, d'ailleurs très habiles ».

« Soutenez le courage des uns, modérez l'ardeur des autres et continuez à mériter notre estime et notre amitié en amenant un autre ordre de chose à l'ordre actuel ».

A ces excellents conseils, s'ajoutent encore les suivants, empreints d'une grande clairvoyance. « Que les lois de la petite République n'effectuent leur retraite qu'au moment où les Français auront pris possession de la place pour qu'il n'y ait pas eu un moment d'interrègne, car il est incalculable ce que dans quelques heures d'anarchie peut arriver dans une si petite ville comme la nôtre. Vous devez être fier de pouvoir coopérer au bien d'une petite peuplade ».

Cette légitime fierté que put avoir aussi Thierry a été la seule récompense de ses démarches, de ses travaux. A la fin de la lettre que nous allons reproduire, il se montre même *partageur*. Il n'était pas moderne, ne savait pas jouer des coudes et travaillait pour une idée plus que dans son intérêt personnel.

Disons ici que Thierry, ce grand artisan de la Réunion de Mulhouse à la France, plus tard inquiété par le gouvernement de Napoléon en raison de la contrebande à laquelle se livrait un de ses gendres, fabricant de tissus en Alsace, fut obligé de quitter sa patrie ! Il se fixa à Constance en Septembre 1811, où il demeura jusqu'en 1815, subvenant à son entretien en donnant des leçons. Il put rentrer en France à ce moment-là et mourut, en 1819, dans sa propriété du Munsberg près Mulhouse. Sa veuve est décédée à Altkirch en 1834. Ces renseignements, comme le beau portrait que nous donnons, nous ont été fournis par son descendant, M. André Risler, orfèvre à Paris.

Toujours à Paris, Thierry écrit à Metzger :

N. Thierry le licencié au citoyen J. U. Metzger, Membre de l'Administration centrale du Département de Haut-Rhin, au Sauvage, a Mulhausen.

Paris, du 3 Pluviose an 6.

Je viens de recevoir, mon cher Metzger, votre lettre du 28 du passé, je suis faché que vous ne soyéz pas parfaitement récon-cilié avec la santé et que votre poitrine continue à être en rébel-lion ; tàchéz de faire votre paix avec les puissances internes ; pour les externes, vous n'avéz pas à redouter leurs attaques. Je m'occuperai de l'objet de votre lettre et je pense que vous serez autorisé à nommer, d'ailleurs nommer ou proposer est la même chose, car vous penséz bien qu'on ne voudra pas vous désobligei au point de ne pas vous témoigner une pareille condescendance, surtout à l'égard d'un homme, qui par patriotisme et par services rendus, mérite qu'on pense à lui. L'article des rentes censiti-ques des ordres de Malte et Teutonique, qui doivent tourner au profit des possesseurs des biens fonds qui en étoient grevés, le regarde aussi, et je peux vous assurer que c'est lui, qui par ce moyen, a gagné la masse des cultivateurs à la bonne cause, ce qui n'étoit pas peu de chose, car c'étoient eux qui gagnoient réellement à l'ordre du *statu quo* (¹).

Tout le monde est aux anges sur votre nomination et mes concitoyens me savent gré de l'avoir préparée. Vous aurez à faire à quelques bonnes têtes, qui vous seront utiles, mais il leur faudra des gens habiles pour les mettre au pas. Que la municipalité ait un excellent greffier en Chef, et la justice un bon et loyal juge de paix, et qu'on autorise la Commune pen-

---

(1) Ce passage n'est pas très clair, mais nous pensons qu'il s'agit ici de la nomination désirée, de Jérémie Kœchlin, dont on trouvera ici quelques lettres, au poste qu'il obtint, de Receveur de l'Enregistrement. Dans une lettre qu'il adresse au Directoire, Metzger le donne comme l'un des premiers et des plus zélés patriotes, jouissant d'une très grande confiance. Le citoyen Kœchlin, dit-il, a fait ses études et remplira avec zèle et dévouement son poste. L'intérêt de la République veut que cette place soit plutôt confiée à un citoyen né à Mulhouse qu'à un autre.

De Jean-Jacques Kœchlin le médecin, frère de Jérémie, qu'il recommande pour remplir les fonctions de commissaire près de la municipalité, il dit que ce citoyen se distingue, ainsi que toute sa famille, par son attachement à la Révolution. Il a droit à l'estime et à la confiance générale, par ses talents, ses connaissances vastes et sa fidélité au travail.

Comme bons patriotes, ils eurent tous deux, ainsi que cela fut général dans leur famille, un nombre invraisemblable d'enfants (Voir à ce sujet la *Généalogie Kœchlin*).

dant quelques années à accorder à l'un et à l'autre un traitement supplémentaire, car il faudra que ces deux sujets nous
viennent de l'étranger, personne chéz nous n'en pouvant remplir
les fonctions avec sureté et connoissance de cause.

Le pauvre diable, Meyer, maître de poste aux lettres, mérite
par humanité, d'être conservé dans son poste et on pourra y
joindre l'administration du bureau de la lotterie, qui dans les
petites communes y est ordinairement annexé.

Il est aussi une mesure qu'il ne faut pas perdre de vue, c'est
celle de faire sentir aux indigents et aux dénués que le changement leur est utile, et il convient que dans le partage des différents biens communaux les riches et les gens aisés leur abandon-
nent leur part — l'égoisme se récriera contre la proposition,
mais si elle se fait par souscription à la suite d'un préambule
bien raisonné, elle devient volontaire, juste et d'un grand
exemple à suivre pour tous ceux qui cherchent à acquérir
l'estime de leurs concitoyens, pour tous ceux surtout, qui ont des
torts à réparer, ou des suspicions à faire oublier.

Je vous invite à me transmettre le résultat de vos conférences
le plus tôt possible — elles ne seront pas longues, et comme tout
est convenu, il n'y aura ni réclamations, ni changements.

On m'apprend que Monsieur le syndic doit conserver sa
maison pendant sa vie — cela est mal vu. — Qu'on l'en dédommage,
mais qu'on se réserve sa demeure, elle sera je crois indispensable aux établissements de la municipalité ou des tribunaux.

Je vous embrasse vous et vos dames.

H. Thiérry.

Voici maintenant une lettre de Jérémie Kœchlin :

JÉRÉMIE KOECHLIN, DÉPUTÉ DE LA BOURGEOISIE POUR LE TRAITÉ DE
LA RÉUNION AU CITOYEN J.-U. METZGER, COMMISSAIRE ORGANI-
SATEUR DE LA RÉPUBLIQUE DE MULHOUSE.

L'écriture de Jérémie Kœchlin est encore plus nette que celle de
Thierry. Il ferme sa lettre au moyen d'un cachet représentant une
tête de femme. — Il a vu le grand Buonaparté et rend compte des réceptions et incidents de son voyage. Remarquons qu'il est le seul parmi
nos correspondants à écrire *Mulhouse* et non Mulhausen.

Paris. Du 23 Pluviose.

Il est temps, citoyen Commissaire, que vous receviés des
nouvelles de votre courrier extraordinaire, pour que vous

sachiés qu'il est arrivé à sa destination ; mais ne voulant et ne pouvant jusqu'aujourd'hui vous rien écrire de positif au sujet de ma mission, je l'ai renvoié jusqu'à cette heure. Le mauvais tems et les chemins affreux ont été cause que je ne suis arrivé que le 14 pluviose à Paris, le 15, nous avons eu audience chès le ministre de l'extérieur auquel j'ai remis votre lettre, et lui aiant témoigné le désir de remettre nos dépêches nous-mêmes au Directoire exécutif, il y a de suite consenti. Nous avons eu chès lui une audience particulière, et d'après la réception amicale qu'il nous a faite, il a paru être fort satisfait de notre mission : le même jour nous avons été chès le citoien Directeur Reubel, mais nous sommes venu trop tard, il était déjà monté au Directoire, nous avons trouvé le citoien Albert, auquel j'ai remis la lettre pour le citoien Directeur et pour le citoyen Rapinat. Le lendemain nous avons retourné au Palais Directorial, et j'ai eu l'honneur d'être présenté au Citoien Directeur Reubel, qui après une réception gracieuse m'invita au déjeuné ou j'ai été servi par la Citoienne Maas : le citoien Directeur nous a desuite accordé audience, pour ce jour, au Directoire Exécutif, nous nous y sommes rendus à l'heure prescrite, et le bonheur voulut que le grand Buonaparté assista au Directoire. Le beaufrère Thierry aiant fait annoncer la Députation de Mulhouse, nous avons été introduits d'une manière solennelle, les deux battans s'étant ouverts, nous avons trouvé les cinq Directeurs debouts et nous aiant fait présenter des chaises, le beaufrère Thierry tint un beau discours analogue à notre mission, auquel le Président Barras répondit. Je lui remis notre traité et les Dépêches, desorte que la République de Mulhausen a eu un enterrement magnifique, s'étant fait en présence des six grands piliers de l'Europe, et sa résurrection n'a pas été moins glorieuse : on nous a promis de s'occuper promptement de la ratification de notre traité ; je vous annonce donc, Citoien Commissaire, que hier, le 22 pluviose, le ministre de l'extérieur a fait son rapport relativement à nous, au Directoire Exécutif, et c'est avec le plus grand plaisir que nous avons appris, que le tout a passé, et la ratification unanimement accordée, sans aucun changement de rédaction.

Aujourd'hui il sera envoyé un message au Conseil des Cinq cent pour leur proposer notre traité ; on nous dit qu'il sera nommé une Commission pour faire le rapport, ce qui doit être une maxime ordinaire du Conseil, mais le beau-frère Thierry dit

qu'il presseroit le rapport. — Voilà où en est notre affaire qui
se terminera à la satisfaction de nous tous, grâce à vous, citoien
Commissaire, qui l'avès si bien dirigé.

Je serois encore pour quelques jours ici, je les sacrifierai volontiers à ma patrie, pourvu que ma mission finisse aussi bien
qu'elle a commencé, il n'y a le moindre doute que cela ne soit.

J'ai parlé au beaufrère Thierry relativement à votre proposition généreuse de me nommer à la place de Receveur d'enregis·
trement, il me fit voir une lettre du Citoien Albert qui a sondé
le terrein chès le Citoien Directeur, je vous la remets ci-inclus.
Thierry ne voit aucune raison d'empêchement que vous nommiés
à cette place, de même qu'à celle de la poste aux chevaux, il
dit que Reubell lui avoit dit, que quoiqu'il n'existe aucune loi
expresse qui vous ordonnat de nommer, il n'y en avoit aucune
qui vous le défend ; et il croit qu'il seroit bon de nommer de
suite pour ne point être prévenu, et de notifier ici vos nominations. Ainsi Citoien Commissaire, si vous avès toujours cette
bonne intention à mon égard, je recevrai cette marque d'amitié
et de bienveillance avec la plus grande reconnoissance que je
vous devrai toute ma vie.

Veuillés, citoien Commissaire, agréer les sentimens de respect et de dévouement avec lesquels j'ai l'honneur d'être

Jérémie Kœchlin.

Passons à trois lettres de Nicolas Thierry, adressées à Metzger,
toutes conçues dans le même esprit. Il le remercie et, triomphant du
résultat obtenu, il pilote M^r l'organisateur pour les nominations qu'il
devra faire et l'inspire.

N. Thierry, le licencié, au Citoyen J.-U. Metzger, organisateur,
de la Réunion de Mulhausen.

Paris, le 23 Pluviose an 6.

Et moi aussi, mon cher nouveau Concitoyen, je veux vous
écrire aujourd'hui. Notre République est enterrée dans toutes
les formes ; des représentants de nos deux familles patriciennes
ont assisté à la cérémonie funèbre, c'est moi qui ai prononcé
l'oraison, et les catacombes de la grande nation sont devenues
le dépot de notre défunte souveraineté. Mon Collègue Hofer, et
le petit fils de notre ci-devant Bourg^{tre} Henry Dollfus, présents à
l'information, m'ont paru être les bouts rompus de l'aristocratie oligarchique de l'Etat de Mulhausen, et Kœchlin et moi,

nous représentions les chefs des nouveaux liens, qui unissent
le corps mort à la vie nouvelle. Je crois effectivement que les
deux familles régnantes transmettront leur influence entière ou
majeure, à nos parents et amis, et l'état de vos nominations
m'en assure l'augure. — Je ne sais si j'ai bien vu, en apperce-
vant Mr Antoine Spoerlin à la tête de notre Tribunal de
Comerce ; j'en serais faché, car, sans reproche du coté des
intentions et de la moralité, je ne puis m'empêcher de vous
observer qu'il est peut-être le plus borné de nos juges, et que
tout au plus il est bon au détail des places d'administration. —
J'applaudis de tout mon cœur au choix que vous avés fait du
commissaire, ou par exp^{le} le Docteur s'acquittera à merveille de
sa nouvelle charge et on sera content de lui. — Je dois aussi
vous dire : que l'on vous autorise de nommer le régisseur Jérémie,
le maitre de Postes aux lettres Meyer, et celui aux chevaux,
Baumgartner. Ne craignés pas qu'on infirme vos nominations
et surtout n'exigés pas qu'on travaille ici à ce que vous pouvés
faire là bas, allés en avant et soyés sûr que le Directoire ainsi
que les administrations vous sauront gré de tout le travail que
vous leur aurés épargné.

Vous ferés bien de notifier vos nominations come vous le
faites avec vos motifs ; bornés vous à celà, c'est tout ce qu'on
demande de votre attention ; ou soutiendra les opérations d'un
Commissaire de qui tout le monde s'empresse de faire l'éloge et
dont celui des 5 est fier, qui a proposé sa nomination. Il vous
faudra aussi un bureau de lotterie ; s'il étoit possible de le réunir à la poste aux lettres ? il y seroit bien placé et feroit du bien
à une famille qui, hélas, ne peut guère que végéter.

Wild, votre péruquier, demande aussi que je vous le recommande pour un petit emploi, vous l'aurés sans doute déjà
sondé, il est propre à tout, plein de petits soins, et s'il reste des
cheveux à la république, il est homme à la bien coiffer.

Votre traitté a été ratifié hier au Directoire ; j'ai lu le rapport
de Taleyrand, qui vous cajole comme je pourrai le faire ; il avait
eu quelque doute sur l'article des marchandises anglaises, mais
il n'a fallu que peu d'explications pour lui faire sentir que les
lois françaises ne pouvaient nous concerner avant la Réunion.

Aujourd'hui part la lettre officielle pour la levée de nos barrières, et aujourd'hui le Conseil des 500 recevra le message de
notre Traité.

Je suis faché de prévoir que la cérémonie législative ne sera pas terminée pour le 30 et que vous ferés des fêtes anticipées, cependant comme il ne paroit pas que les deux conseils voudront s'élever, à cause de vous, contre le Directoire, je pense que vous pouvés aller en avant et je ne regrette que de ne pouvoir toaster avec vous.

Si cependant les gibiers ne se gatoient pas et si le vin ne menace pas de tourner, je dois vous dire qu'on vous conseille de différer la célébration de notre Réunion jusqu'à la fête nationale, qui va avoir lieu en ventose. Je vous transmets d'autant plus volontiers cet avis, qu'il est dans les choses possibles qu'alors je pourrais devenir témoin oculaire et bucolique de tout ce qu'on prépare et imagine — cela entre nous.

Je vous embrasse fraternellement.

N. Thierry.

Nicolas Thierry, le licencié a J. U. Metzger, commissaire organisateur de la ville de Mulhausen.

Paris, le 29 Pluviose an 6.

Monsieur le Commissaire ou Citoyen Commissaire,

Vous avés sans doute été instruit dans son temps de la pompe funèbre de notre République : Hofer me dit cependant que ma lettre n'avait pas été reçue, et c'est ce qui m'étonne, car je suis sûr qu'elle n'a pas manqué le courrier. Ce n'est que hier à midi que la Commission des 500 a pu s'assembler pour examiner votre ouvrage que le Directoire a ratifié d'emblée ; il faut espérer que le pouvoir législatif sera aussi galant que le gouvernement, et que l'on sentira qu'il est dans les donnés politiques de traiter largement un petit Etat libre et indépendant, qui a souffert depuis 5 ans passés le martyre de la liberté, lorsqu'il demande à se jetter dans les bras d'une nation grande et puissante qui ne peut refuser d'être généreuse ; on sentira sans doute, que presque tout ce que le traité nous concède eut pu être le résultat de notre propre délibération, si, faisant un dernier usage de notre souveraineté, nous eussions eu le courage de convertir à notre utilité les points capitaux que le traité nous assure. Je ne dois pas vous cacher que bien des machoires nous jalousent et prétendent que nous serons des privilégiés par notre capitulation, mais ce ne sont pas les gens qui ont le maniement des grandes masses ni la perspective des

vues étendues. — Remarqués que pas un seul représentant
du Haut-Rhin n'a été membre de la Commission qui nous
concerne.

Pflieger (¹) a l'air de ne pas nous en vouloir sur les avantages
que nous nous sommes réservés, mais je sais de source certaine, qu'il nous hait plus que jamais. Au reste il aura beau
faire, son règne va finir malgré lui, et ce ne sont pas des cham-
pions de sa trempe qui lutteront contre la puissance du Luxembourg. Vous ne m'en voudrés pas, si dans mon petit discours
j'ai osé prôner les qualités de notre Commissaire, je ne pouvais
pas me taire sur votre compte, tous les rapporteurs ayant parlé
de vous avec les éloges qui vous sont dus.

La fête que vous avés projetée au 30 de ce mois n'aura vrai-
semblablement pas lieu demain, car ce ne sera que (illisible)
la commission fera son rapport au Conseil des 500 en comité
secret ; si donc on prend encore ce même jour une résolution,
elle ne sera portée que le duodi aux Anciens, qui nommeront
également une Commission *ad examinandum*, et celle-ci ayant
besoin de 3, 4 ou 5 jours pour rapporter, vous voyés qu'avant
le 8 ou le 9 de la décade prochaine, nous ne serons pas de retour
au Directoire, qui demandera ainsi quelques jour pour nous
expédier, de façon qu'en tenant notre chaise nos bottes
graissées, nous n'arriverons que dans le cours de la 2 décade
de Ventôse avec la charte rectifiée, si aucun encombre ne
retarde la célérité de notre voyage. Ce ne sera au reste pas un
grand malheur qu'un ajournement sur l'époque de nos réjouissances, puisqu'également, dans le prochain mois, il est question
d'ordonner une fête générale dans toute la République avec
laquelle alors, la nôtre pourra s'amalgamer.

Je ne sais si mes affaires me permettront de quitter le pavé
de Paris et d'accompagner mon beaufrère Jérémie dans la
nouvelle France (²), je souhaite que ce projet puisse se réaliser,
pour bien des causes. Le désir de vous remercier de bouche
pour tout ce que vous avés fait en faveur de mes concitoyens
en est une des plus pressantes, et si j'ai encore une autre fête
à espérer, la détermination se fera d'autant plus lestement. Je
me réserve de vous dire bien des choses de bouche, que je ne

---

(1) Pflieger était un alsacien membre de l'Assemblée Nationale, ennemi
des Mulhousiens, que les alsaciens, en général, jalousaient.
(2) C'est-à-dire à Mulhouse.

dois pas oser écrire car, et les morts et les vivants ont des droits qu'il ne faut pas violer.

Adieu citoyen Commissaire, comptés sur l'attachement inviolable de votre

N. *Thierry.*

N. Thierry, le licencié, au citoyen J.-U. Metzger, organisateur
de la commune de Mulhausen

Paris, le 5 Ventose an 6.

Monsieur le Citoyen Commissaire ne se fachera pas si les commettants, de concert avec les Députés *in petto* de la République jadis de Mulhausen, se sont permis de biffer l'article 9, du Traité soumis à la ratification du Corps législatif.

Il le falloit — R. l'a senti, et quoique le Directoire avoit sanctionné votre ouvrage complet, il eut été imprudent de hazarder le renvoi à une nouvelle rédaction, qui eut compromis le Directoire, le Commissaire, les Mulhausiens, et surtout le Directeur ami.

Hier le traité a passé sans toucher terre; bien des gens avoient braqué leurs batteries, comptant rencontrer matière à chicane, mais rien de louche n'a paru, ils en ont été pour leurs préparatifs. Il est heureux que nous ayons vu les membres de la commission et que nous ayons pu les instruire sur les motifs de chaque article, car il faut en convenir, en entrant dans notre nouvelle incorporation, nous formons un Etat dans l'Etat, ce qui est contraire aux principes.

Nous allons travailler à ce que les Anciens nous traitent également favorablement. Et si tôt que le Directoire nous aura remis l'expédition des ratifications, nous mettrons à la voile. Quand je dis nous, c'est que je suis aussi curieux de voir la fête de notre inauguration, dont on me mande tant de belles choses ; et puis on dit aussi que des danses nuptiales se préparent où je serai spectateur sentimental ; puis j'ai des mesures à prendre relativement à la prolongation de mon séjour à Paris, puis je voudrais assister aux assemblées primaires et primordiales, puis la Patrie et les amis et les parents et ma famille, tout me dit que mon voyage est nécessaire et légitime, tout me dit qu'il me sera agréable et utile à la fois. Vos nominations ne seront pas invalidées — je vous en réponds — et vous êtes attendu aux 500, en germinal prochain, avec les Albert, les Guittard et consorts.

Je vous embrasse de tout mon cœur.

N. *Thierry.*

Le même jour Jérémie Kœchlin, de Paris, donne d'excellentes nouvelles à Metzger, qu'il remercie chaleureusement.

JÉRÉMIE KŒCHLIN AU CITOYEN METZGER, SON RESPECTABLE AMI.

Paris ce 5 Ventose an 6.

Votre lettre amicale du 28 Pluviose m'a été remise par le confrère Thierry, j'ai un peu tardé à y répondre, n'aiant point pour lors de matière suffisante pour cela, aujourd'hui je le puis faire avec d'autant plus de plaisir, en vous faisant part que notre Traité de Réunion a été accepté hier au Conseil des Cinq cents ; à ce que nous a assuré Ehrmann, Représentant du Peuple, le vœu était unanime, et que notre rapporteur Jean Debrie a fait un rapport fort avantageux pour nous. Vous saurés que la Commission établie pour examiner notre Traité a fait quelque difficulté sur plusieurs articles, et que pour les contenter, pour faire passer le Traité, nous avons été obligé de faire sortir l'article qui regarde le culte et l'église de St-Etienne et française, qui doivent être entretenus aux frais de la Commune, ce qui a paru à ces citoyens fort inconstitutionel (¹) ; enfin le Directeur Reubel et le Directoire aiant consenti pour faire regarder comme non avenu l'article neuf, nous avons cru pouvoir le prendre sur nous, en mettant nos signatures en marge, pour faire radier cet article, plutôt que de nous voir exposés à être renvoyés au Directoire avec tout le Traité et de subir des rédactions, ce qui auroit infiniment prolongé notre négotiation, outre la longueur qu'on y met déjà ; je ne doute, respectable ami, que vous approuverés nos démarches à ce sujet. Aujourd'hui notre Traité passera par un message au Conseil des Anciens, où nous augurons une bonne fin.

Quant au retard de la levée de nos barrières, il s'est commis ici deux fautes involontaires, la première provient de ce que l'arrêté du Directoire Exécutif à cet effet a été adressé au Ministre de la Police au lieu du Ministre des Finances, de sorte que l'arrêté a retourné au Sécretariat du Directoire, la seconde faute provient que le Ministre des Finances, après avoir obtenu l'arrêté de la levée des barrières, a cru ne devoir le mettre en exécution qu'après la ratification des Conseils : ce qui est cause,

(1) On tourna la difficulté à Mulhouse en adjugeant les temples à quelques bourgeois de la ville qui n'eurent sans doute rien à débourser pour cette soit disant acquisition.

de retard, de courses au Directoire, j'ai encore parlé hier au soir au citoyen Magnier de Bourglibre (¹) qui m'a encore assuré qu'il a vu partir à la Direction, les dépèches à cet effet, il y a 10 jours, ce qui me fait croire que nos barrières doivent ètre levées; ce qui augmente certainement mon plaisir, sachant ce que votre façon généreuse de penser à notre égard a dù vous peiner à cause de ce retard imprévu. — Notre fète nationale et de fraternisation ne sera intéressante pour moi que par rapport à votre personne, en vous voyant mettre la dernière main à votre œuvre méritoire et charitable, nous aiant fait passer d'une manière si douce au sein de la grande Republique française : Je ne puis assés vous dire combien les gens sensés nous louent de notre prudence et sagesse, louanges qui certainement ne nous ont été acquises que par vous et le beau frère Thierry (²).

J'aurai occasion de présenter vos complimens aux Dames du Directoire ce soir, où je dois aller diner avec le Citoyen Thierry, votre nom m'assure d'avance d'une bonne réception.

Je finis en rappelant à votre bon souvenir celui qui se dit avec Salut et respect.

Votre dévoué ami,

Jérémie Kœchlin.

La lettre suivante de Thierry, dans laquelle il fait l'éloge du bourgmestre Hofer, qu'il voudrait voir figurer dans la nouvelle magistrature, reflète une aimable philosophie. — Multiplier les plaisirs dans ce monde de tribulations n'est, dit-il, pas un petit mérite !

N. THIERRY, LE LICENCIÉ, AU CITOYEN J.-U. METZGER, COMMISSAIRE ORGANISATEUR DE MULHAUSEN (avec un P. S. de la main de Jérémie Kœchlin).

Paris le 11 Ventose an 6

C'est aujourd'hui que notre traité doit passer aux Anciens, Monsieur le Commissaire, nous avons pour rapporteur Isabeau. Il nous a fait demander des détails sur la localité et la ville, que nous lui avons fournis bien volontiers et comme Kerwelégan

---

(1) Nom républicain de Saint-Louis.

(2) Jérémie Kœchlin affirme ici sans la moindre hésitation que les véritables auteurs de la Réunion de Mulhouse à la France sont un Mulhousien, Nicolas Thierry, et un Colmarien, Jean-Ulrich Metzger. Quelque mobile qu'on attribue à leur action, il n'y a pas lieu d'infirmer ce jugement.

nous a observé qu'il était paresseux, nous avons rédigé nos notes de façon à lui servir de rapports, je ne pense cependant pas qu'il s'abaissera au simple plagiat, mais j'ose croire, présumer, espérer, qu'il se servira de quelques formes de notre fourniture.

Vous avés été sage de remettre la fête de la Réunion au 20, d'abord parce que nous en serons, et ensuite parce que par là, vous multipliés les plaisirs, ce qui dans ce monde de tribulations n'est pas un petit mérite. Nous comptons partir le 14 ou 15, si rien ne s'y oppose, et demain nous irons prendre notre diné d'adieux au Directoire, où on boira à votre santé. Et vous aussi avés été au confluant des intérêts politiques de l'Europe, vous avés vu les marquis, comtes et barons, et je parie que le Secrétaire général de la légation citoyenne vous aura fait plus de plaisir que tous les titrés du Congrès. Il voudra bien encore se souvenir de l'ex ambassadeur et l'aimer tant soit peu. Je ne sais si vous avez déjà dansé aux noces de (illisible), ou si ce plaisir m'attend encore; on me laisse à cet égard dans une incertitude qui a lieu de m'étonner. On est tranquille ici et tout ce qu'on avait tramé contre germinal avorte par les mesures sages que le gouvernement a su prendre. C'est un centre de surveillance bien comprimé que la police de Paris et la force armée qui la seconde. On espère vous posséder dans la prochaine législature, vos amis le souhaitent ardemment et je pense que le fanatisme cédera cette fois à la raison et au devoir de la rémunération.

Monsieur Hofer me marque qu'il ne sera pas du Tribunal de commerce. j'en suis faché, car ses lumières n'eussent pas été superflues dans ces conjonctures, et il est peut-être utile que les anciens membres de la magistrature ne soyent pas, ou n'ayent pas l'air d'être mis de côté. Mais je me borne à ces réflexions, il ne m'appartient pas de contrôler les faits des gens sages, qui savent ce qui convient.

Que vos dames de Colmar ne pensent pas que j'aye pu les oublier un instant, leur souvenir se renouvelle toutes les fois que le besoin de jouir des douceurs d'une vie tranquille au sein de la confiance et de l'amitié se fait sentir à mon cœur étourdi par le fracas et le train insuportable de cette maudite cité. Présentés leur mes homages et mes devoirs et permettez, Monsieur le Commissaire, que je vous embrasse fraternellement.

N. Thiérry.

Grâce soit rendu au génie tutélaire de Mulhouse, notre Traité passera aujourd'hui au conseil des Anciens, et il n'y a rien à risquer qu'on dégradera votre chef-d'œuvre de prudence et de sagesse ; et nous n'aurons rien de plus empressé que de faire atteler et de nous rendre à vos invitations amicales pour assister à notre fête. J'ambitionne d'autant plus le moment de notre départ que cela m'approchera de votre personne.

Recevés les sentiments d'amitié et de respect de

votre dévoué.

Jérém. Kœchlin.

Dans les deux lettres qui vont suivre, on verra Jean-Jacques Kœchlin tel qu'il est, allant droit au but, sans s'arrêter aux nuances. Il est heureux des évènements, dit qu'il saura remplir les devoirs de sa charge, parle des sentiments républicains de ses concitoyens et de leur industrie.

J.-J. Kœchlin, médecin (¹), Commissaire du Directoire Exécutif près l'administration municipale du Canton de Mülhausen au Citoyen Metzger, commissaire du Gouvernement.

Liberté   **République Françoise**   **Egalité**

Mulhausen, ce 1 Germinal, l'an 6 de la République françoise une et indivisible.

Les enfants cadets de la grande République, toujours inconsolables sur le départ de leur organisateur et ami, continuent à se conduire en bons enfants, aussi leur ai-je promis que leur père adoptif viendrait quelque fois leur donner le téton.

Nous célébrâmes hier la fête de la souveraineté du peuple avec tout l'attirail prescrit par la loi. Si vous eussiez été avec nous, vous auriez vu le même esprit républicain, ce patriotisme pur que vous leur avez inspiré. Pour cette fois, nous avons trotté

---

(1) C'est l'homme à la pipe et au grand chapeau alsacien dont le profil caractéristique a été souvent reproduit, que l'on voit au *Musée Historique* de Mulhouse et qui existe également chez plusieurs de ses très nombreux descendants. Au nombre de ses enfants se trouve André Kœchlin, nom universellement connu, le principal et heureux fondateur de la *Société Alsacienne de Constructions mécaniques.*

dans la boue, et les flocons de neige et la pluie ne nous ont pas empéchés de faire retentir des cris de *Vive la République* durant notre procession. On m'a baillé en passant ce compliment que nous aurions plus beau temps si le Commissaire Metzger étoit avec nous.....

Salut et amitié.   *Kœchlin.*

———————

LE MÉDECIN KŒCHLIN AU CITOYEN MINISTRE DE L'INTÉRIEUR

Mulhausen, le 6 Germinal, l'an 6 de la République françoise une et indivisible.

Citoyen Ministre !

J'ai reçu par le canal du Citoyen Commissaire du Directoire exécutif près l'administration centrale du département du Haut-Rhin, la nomination de commissaire du Directoire exécutif près l'administration municipale du canton de Mulhausen. L'instruction qui l'accompagne m'indique les devoirs que j'aurai à remplir. Je croirois mériter la confiance du Directoire exécutif et la vòtre, Citoyen Ministre, si du patriotisme animé de zèle, pouvoit suffire pour remplir avec dignité le poste qui m'est confié, ou s'il pouvoit supléer au défaut de lumière.

L'acquisition que la République françoise vient de faire par la réunion de Mulhausen est peu importante par son étendue et sa population, mais intéressante par sa localité et l'industrie des habitans. Les citoyens de Mulhausen, nés républicains, seront toujours partisans zélés du républicanisme, et chériront la Constitution françoise qui leur procure plus de liberté et leur assure plus de bonheur. L'esprit public de cette cy-devant république se présente avantageusement, n'ayant jamais admis dans son enceinte ni aristocrate, ni émigré, ni prètre ; elle sera un des cantons les plus heureux et des plus tranquilles si la vigilance active du gouvernement, fidèle aux principes salutaires qui produisirent les succès du 18 fructidor, réussit à empêcher le retour de ces ennemis de la République et du salut public.

Je me persuade, Citoyen Ministre, que les Citoyens de Mulhausen, sensibles à la générosité du Gouvernement françois et pénétrés de reconnoissance, s'efforceront à se distinguer par l'obéissance aux lois et la pratique des vertus républicaines.

Salut et respect.   *Kœchlin.*

———————

On se souviendra, en lisant la lettre suivante, qu'on était alors en plein blocus continental.

RAPINAT (¹) AU CITOYEN J.-U. METZGER, DEMEURANT RUE DITE
RUESTERGASS, A COLMAR.

Au Luxembourg, ce 24 nivose an 6.

Je prends beaucoup de part, notre cher administrateur, à l'incommodité qui vous affecte, j'espère qu'elle n'aura aucune suite facheuse ; j'ai dit à Reubell ce qui concerne les marchandises anglaises qui sont à Mulhausen, il m'a répondu qu'il fallait, de votre part, envoyer au Directoire une note officielle a ce sujet et qu'alors il y serait statué. Je pense en conséquence et pour ne pas faire de mal aux négocians qui ont pù avoir de ces marchandises, ou même de celles qui, sans être anglaises, seraient réputées telles pour n'être point marquées, ni facturées, qu'il seroit nécessaire que vous donniez une tournure favorable à votre note, telle que serait par exemple, que ces négocians ne pouvant depuis longtemps négocier librement avec le dehors, vu que la ville était cernée, il n'est pas étonnant qu'il se soit trouvé quelques marchandises anglaises chez eux, qu'au surplus les lois françaises n'ayant pù les concerner à cet époque, il n'était pas surprenant que plusieurs marchandises ne soient ni marquées ni facturées, etc.

Je ne puis pas me mêler de l'affaire du Citoyen Caboù, ma position et ma façon de penser ne me permettent point de solliciter pour les Emigrés ; les seuls pour lesquels je me sois inte ressé sont Rosé et (illisible), indirectement, encore ne m'en serai je pas mêlé, si je n'eusse été persuadé que leur cause est juste. J'avais bien dit au citoyen Moog de faire enregistrer le certificat de résidence, et ce fut avant hier qu'on me fit connoitre cette irrégularité, mais je pense que dans peu, cet honnète vieillard aura satisfaction.

Nous attendons l'analyse de la terre de Pfaffenheim. Comme je suis très peu influent et encore bien moins savant, je ne puis point accepter l'honneur de l'association à la société économi-

(1) Rapinat, administrateur français, né et mort à Colmar (1750-1818). Avocat au conseil souverain d'Alsace. De 1805 à 1814, conseiller à la Cour de Colmar. Son écriture est mauvaise et il se sert, comme cachet, d'une pièce de 30 sols, dont la cire conserve l'empreinte.

que, d'ailleurs il entre dans mon sistème de ne jamais me montrer dans un Colmar, où des ennemis de la chose publique et mauvais citoyens m'ont si cruellement vilipendé ; je leur pardonne de grand cœur, et cela, parce que le vrai patriote est charitable.

J'espère que dans peu nous ferons rapporter la loi du 7 brumaire an 3, à cause des forêts, les deux commissions sont d'accord, j'ai travaillé avec elles assez utilement pour mes Concitoyens du Haut-Rhin.

Mes hommages à vos dames, Charlotte se joint à moi pour le même objet et surtout pour embrasser Madelon, qui est notre fille ; Reubell parle souvent de vous, et je vous assure que c'est selon sa manière, c'est à dire amicale.

Je vous embrasse.   *Rapinat.*

Nous terminons en mettant sous les yeux du lecteur un plan de réunion de la République de Mulhouse à la France qui fut dressé avec la collaboration de Nicolas Thierry, en Décembre de l'an 1er, pour être soumis au gouvernement français. Il est intéressant non seulement par les idées qu'il renferme, mais encore par la date de sa rédaction.

PLAN DE RÉUNION DE LA RÉPUBLIQUE DE MULHAUSEN, ENCLAVÉE DANS LE DÉPARTEMENT DU HAUT-RHIN, A LA RÉPUBLIQUE FRANÇAISE.

Cette petite enclave contient 5 ou 6.000 habitants, leur régime séparé de gouvernement, la langue allemande qu'ils parlent, la religion calviniste qu'ils professent et surtout une espèce de fierté républicaine, les ont de tout temps distingués de leurs voisins les Alsaciens et mis une très grande distance entre eux et le reste des François. La sévérité de leurs mœurs a ajouté à leur bonheur. C'est la stricte observance de leurs loix, l'ordre et l'esprit de frugalité et d'activité qui a donné à leurs entreprises commerciales ce ressort et cette supériorité de réussite à laquelle leurs voisins n'ont jamais pu atteindre. Il paroit étonnant que cette république n'ait jamais tenté les vües de conquête de l'ancien régime, il est bizarre qu'elle ne puisse exister isolément dans le nouveau, et que la mort politique de l'Etat de

Mulhausen soit un coup que lui porte la liberté française ; mais il n'en est pas moins vrai que la réunion de cette enclave devient nécessaire par cette uniformité et cette généralité de gouvernement que la France adopte, par les intérèts commerciaux des Mulhausiens mèmes, par l'économie de son cerclement particulier et la crainte de la fraude qu'un transit qu'il faudroit accorder à cet état ne manqueroit pas de produire. Il est donc utile, il est nécessaire que cette petite souveraineté helvétique se confonde dans la françoise, et c'est sur les moyens de parvenir à ce but que je présente mes vües, que la connoissance locale de la République, mes relations avec ses habitants et l'étude approfondie de leurs mœurs et de leur caractère national, doivent garantir comme exécutables.

Depuis longtemps le commerce de la ville de Mulhausen désire sa réunion à la France et tous ceux de ses habitants qui ont quelque bien, quelque talent ou quelque fortune se trouvent à l'étroit dans cette cité gothique, où la jalouse politique soutient encore les maîtrises et les jurandes, où l'ineptie borne l'industrie, et la cupidité du gouvernement décîme impitoyablement le commerce et le trafic. Mais le bas peuple que le magistrat exempte de tout impot tient à ses us et acquiert avec peu de peine de quoi propager sa misère par une nombreuse postérité que la bourse commune est tenue d'alimenter.

Les principes de la République française avoient déjà produit un très grand effet sur les jeunes gens de cette ville qui avaient reçu une éducation soignée. Leurs racines gagnaient du terrain, on les voyait grandir et atteindre les esprits les plus bornés, par la douce persuasion de l'intimité que les amis de l'égalité étaient parvenus à produire. Le colosse du préjugé et le système de la séparation perdaient chaque jour quelque adhérent, on sentait que le bonheur des Français pourrait bien un jour égaler celui de la bicoque, on commençait à s'entretenir sur le futur et on se voyait conduire au but ou depuis peu la France paraissait tendre, sans répugnance et sans aversion. Les journées du 10 août et du 2 septembre, dont on dénatura en partie les évènements, produisirent quelque refroidissement dans le parti français à Mulhausen — mais ce qui le terrassa complètement ce fut la mesure violente avec laquelle le département du Haut-Rhin mit cette pauvre enclave en état d'investissement. Dès ce moment chaque Mulhausien se crut être un martyr et personne n'osera plus être soupçonné de quelque prédilection pour le système de la réunion. Cette impolitique et fausse mesure a tellement opéré en sens contraire de son but, que si la ville eût été obligée de céder à la faim ou à son indépendance, elle n'auroit pas balancé un instant et auroit établi entre sa provision et sa consommation une balance avantageuse en bannissant de ses murs tout ce qui est étranger et tout ce qui tient au commerce français.

On sent d'après cette courte et fidèle description, que le chemin le plus court et le plus sûr pour amener la République de Mulhausen à une réunion politique, n'est pas dans des voies de fait, dans des traitements répulsatoires — c'est la douceur, la fraternité, les égards (dont tous les républicains sont si jaloux) qui opèreront la conquête de cette ville, et il répugne aux principes de la nation française, à sa délicatesse, à sa religion, d'employer jamais contre ce petit Etat d'autres armes. Voici d'après cette théorie les moyens que je crois praticables pour empêcher une rupture avec les cantons suisses au sujet de cet allié et pour accélérer autant qu'il est possible son incorporation.

Mulhausen est constituée, elle est libre et démocratique ; je sais qu'elle cherche à ne se donner qu'à la France, également constituée et certes, tout vrai patriote doit la louer de cette précaution.

En un mot, elle a besoin de quelque délai, soit pour préparer les esprits à ce changement pour ne pas s'exposer à des scènes sanglantes, soit pour se familiariser avec le génie de notre nation, avec laquelle le citoyen de Mulhausen n'a pas été en contact, quoiqu'il soit englobé par elle ; soit pour régler amiablement des objets d'administration intérieure, soit enfin pour s'aviser aux moyens à employer, pour que son détachement du corps helvétique se fasse d'une manière convenable aux intérêts de son commerce, qui en reçoit de puissants secours, et à la convenance réciproque de l'amitié qui règne encore entre les deux nations alliées. Je sais qu'au mépris de la convention commerciale qu'ils ont faite avec le pouvoir exécutif et qui n'a pas encore reçu la ratification de l'Assemblée nationale, convention qui leur assure leur indépendante et libre existence pour 20 ans, ils ne cherchent qu'à jouir du *statu quo* et des avantages du commerce des Alsaciens en renonçant à un transit particulier et en se soumettant aux droits d'entrée et de sortie à la frontière

de l'Etat, par un provisoire, qui expire du jour où la constitu
tion française sera faite promulguée et acceptée par la nation.
Alors s'ils pouvaient ne pas demander leur réunion, les moyens
de rigueur seraient de saison, et après avoir leurré la nation
française, ils ne pourraient invoquer ni sa justice, ni sa générosité, ni sa pitié même. C'est alors qu'il conviendra au département de sévir et aux Mulhausiens de souffrir en silence.

Le délai et l'état du *statu quo* provisoire jusqu'à l'acceptation
de la constitution est non seulement fondé en politique — il
convient également aux principes de fraternité que la France
professe et il faut que ceux qui se confondent dans la famille
française y trouvent des amis, des bienfaiteurs, plutôt que des
ennemis ; on répugne à se jeter dans les bras de celui qui vous
fait souffrir. Il y a plus, il ne peut être refusé aux Mulhausiens
en justice de commerce ; car depuis deux ans nous avons reçu
d'eux les droits d'entrée et par conséquent de consommation de
toutes les marchandises qu'ils ont fait venir des pays étrangers ;
nous ne devons ni ne pouvons donc leur en interdire l'écoule-
ment dans nos départements qu'après leur en avoir fixé un
terme assez éloigné pour que leur versement en France puisse
s'opérer sans nuire aux intérêts du spéculateur qui s'est assuré
de ce droit en acquittant les péages selon notre tarif.

Il est facile de voir que tout concourt à embrasser, à l'égard
de la République de Mulhausen, le plan de réunion que je
propose et ce ne seroit qu'au préjudice de la réussite qu'on s'en
écarteroit.

(*Archives Nationales*, F¹² *1964*).

Ce projet, il fallut à Thierry cinq ans de démarches persévé-
rantes, de patience et d'obstination pour le voir aboutir.

Mulhouse, qui volontairement s'était donné à la France en
1798, après avoir joui dans ce pays d'une prospérité remarquable en a été retranché en 1871. Trois générations françaises
y sont nées et les survivants ont cruellement souffert, de toutes
façons, des évènements.

PIÈCES JUSTIFICATIVES

———

N° 1

M. le Duc de Würtemberg possède en Alsace deux seigneuries qui sont *Horbourg* et *Riquevir*.

Il en possède 7 en Franche-Comté, savoir : *Blamont, Clémont, Héricourt, Châtelot, Granges, Clerval, Passavant.*

De plus une portion de la seigneurie de *Franquemont* aggrégée à l'Alsace.

M. le Duc de Würtemberg demande des indemnités :

1° Pour les droits supprimés par l'Assemblée nationale.

2° Pour les droits contestés par une interprétation vraïe ou fausse de décrets.

3° Pour les dixmes inféodées.

4° Pour la non perception de ses revenus depuis le mois d'août 1789.

5° Pour la suppression des droits honorifiques attachés à ses 10 seigneuries.

Selon l'état fourni, les droits abolis font un revenu annuel, en prenant une année commune sur dix . . . . 71.693 L.

Les droits contestés 26.529

Les dixmes inféodées 83.215

Total . . . . 181.435 L.

Tel est le revenu annuel qu'il s'agit de bonifier.

M. le Duc de Würtemberg s'étaye du décret de l'Assemblée nationale qui porte ces termes : *et même l'acquisition desd. biens, ne comprenant dans leur évaluation les droits seigneuriaux et féodaux qui existoient à l'époque de la réunion de la ci-devant Province d'Alsace au Royaume de France.*

Le plénipotentiaire Würtembourgeois raisonne ainsi : A l'époque déterminée par l'Assemblée, la maison de Wurtemberg jouissoit de la pleine supériorité territoriale ; l'évaluation de nos droits doit donc se faire d'après ce principe ; or en Allemagne cette sorte de droits s'aliène à 1 ou 1 1/2 pour cent de revenu, et en France on a coutume de les évaluer au denier 60. C'est donc sur ce pied que l'Assemblée nationale a entendu traiter avec les princes. Il résulte de là que nos droits rachetés en argent doivent produire un capital de 10 886.100 L.

Ce système a été combattu par les observations suivantes : I° Tous les droits possédés par les Princes n'étoient point inhérents à la supériorité territoriale ; ainsi l'on ne sauroit les placer dans la même catégorie et les évaluer sur le même pied ; 2° en cherchant l'esprit du décret de l'Assemblée nationale, on trouve que la fixation qui y est énoncée n'est relative qu'au cas de la vente du fond, et non à celui du simple abandon des droits ; 3° qu'en admettant l'observation de M. le Duc de Würtemberg, il faudrait faire un travail très long, très pénible et très tracassier pour classer les différents droits ; et que pour éviter tous ces embarras, il faut placer tous les droits sur la même ligne, et les évaluer d'après une base commune.

La recherche de cette base a été faite et le plénipotentiaire Würtembergeois a allégé cette besogne en déclarant que le Duc prendroit des fonds de terre pour le remplir de la somme de 181.435 L. indiquée ci dessus. Dans cette hypothèse, l'opération deviendra simple : on assurera à M. le Duc de Würtemberg le revenu ci-dessus en fonds de biens nationaux.

Mais il s'agit d'évaluer la perte des droits honorifiques.

Comme ces droits quoique sans produit, haussoient la valeur des droits utiles, ils avoient par là une valeur réelle et même exagérée. Il paroît donc de toute justice d'en indemniser les Princes. Indépendamment de ce principe de justice rigoureuse, il semble être de la dignité et de la grandeur de la nation françoise de païer généreusement sa convenance et le sacrifice des Princes.

Pour trouver une base d'évaluation j'ai estimé les droits cédés et les fonds à donner en échange au denier 30 et j'ai proposé d'ajouter 4 deniers pour le prix de la convenance, il s'en suivoit de là que le Duc de Würtemberg étoit censé nous vendre au denier 34 des terres qualifiées, et que nous vendions au denier 30 des biens nationaux devenus une simple propriété roturière. Voici le résultat de l'opération :

Les 181.437 L. font au denier . . . .   5.443 110 L.
La même somme au denier 34 fait. 6.168.858
                                                        ____
                        Différence. . . . .   725.748 L.

Ainsi la mieux value à paier à M. le Duc de Würtemberg à raison des droits honorifiques était de. . . . .   725 748 L.

Mais ce calcul a été rejetté 1° parce que le prix courant des terres en Alsace est au denier 40 ; 2° qu'en partant de cette vérité de fait, il n'y avoit, dans le calcul proposé, aucune indemnité pour le sacrifice des droits éminents de la supériorité territoriale et aucun prix de convenance. M. de Rieger a insisté sur l'évaluation au denier 60, et a demandé en outre l'exemption de toutes impositions réelles conformément aux lettres-patentes de 1769.

Ces deux propositions ont été rejettées peremptoirement.

Mais il faut les remplacer. Je propose pour cet effet de mettre l'évalüation au denier 40. Elle portera l'indemnité de convenance à la somme de . . . . 1 814 370 L.

Cette somme sera payée en assignats. Je dois observer que M. le Duc de Würtemberg aime beaucoup l'argent; qu'il en a grand besoin; qu'il n'a pas d'enfant; et qu'il est peu soucieux des intéréts de ses collatéraux. Ce prince désire et espère un pot de vin, et l'on ne pourra guère se refuser de lui en promettre un. Il se présente deux moïens de le contenter : le 1ᵉʳ de lui donner une somme en sus du prix de convenance énoncé ci-dessus; le second de prendre en outre sur cette somme celle qui lui conviendra. Voici l'avantage qui résulteroit de ce dernier expédient. L'arrangement que nous ferons avec le Duc de Würtemberg servira probablement de modèle pour ceux que nous ferons avec les autres princes, ainsi en diminuant, en apparence, l'indemnité pour les droits honorifiques et pour la convenance, ceux-ci auront moins à exiger d'après l'exemple du Duc de Würtemberg,

Je crois devoir terminer ce résumé par l'observation suivante :

Il nous importe de finir et de finir promptement avec M. le Duc de Würtemberg, parce qu'il est vivement sollicité de ne point se séparer de ses co-Etats, et de suivre le mouvement qu'ils veulent donner à leurs réclamations à Ratisbonne : nous ne pouvons atteindre notre but qu'en traitant le Duc avec générosité, ainsi que cela a été annoncé partout. Un million de plus ou de moins sur la totalité ne doit point arrêter. L'exemple du Duc de Würtemberg sera fait pour produire un effet salutaire si ce prince se montre satisfait; tandis que si l'on veut léziner avec lui, ou il refusera de conclure. ou il terminera en se plaignant de nous. Il ne faut point perdre de vüe cette fâcheuse vérité, que nous avons perdüe l'affection du corps germanique; qu'il nous importe de la reconquérir; et que dans ce moment-ci nous ne pouvons y réussir que par des sacrifices pécuniaires.

Il me reste à parler de l'indemnité que M. le Duc de Würtemberg demande pour la non perception de ses revenus depuis l'époque du mois d'août 1789.

Tout le monde connoît l'esprit d'insurrection qui s'est manifesté aussitôt après l'abolition du régime féodal prononcé le 4 août 1789. Les contribüables n'ont plus voulu païer; les collecteurs et les huissiers en se montrant, couroient le risque de leur vie; plusieurs procès verbaux fournis de la part du Duc de Würtemberg justifient cette vérité.

Il semble donc de toute justice de dédommager ce Prince; tel est aussi l'avis du Comité diplomatique.

Les états fournis et appuiés de pièces justificatives portent cet objet à . . . . 208.855 L

La question est de savoir si ce compte doit être examiné, débattu de clerc à maître; si l'on exigera la preuve rigoureuse des poursuites et des

refus ; ou si l'on admettra l'état tel qu'il est présenté avec les
pièces justificatives de la légitimité des objets y énoncés. Dans le
premier cas la négociation ne finira pas de trois mois, et elle aura
pour objet une discussion aussi vétilleuse que peu séante.   «

Au reste, l'indemnité dont il s'agit ne sera pas perdüe, à moins
qu'on ne veuille faire remise aux contribuables des sommes qu'ils
doivent. Si l'on ne prend ce dernier parti, la rentrée pourra être
confiée aux Districts, qui en rendront compte.

Je me borne dans ce résumé à rendre compte de ce qui tient uniquement à l'indemnité. Il est plusieurs autres objets que le plénipotentiaire de Würtemberg demande qui soient arrangés en même
temps et compris dans la convention. Je les détaillerai avec des
observations, lorsque la base de l'indemnité aura été fixée contradic-
toirement.

Depuis la rédaction de ce résumé j'ai eu une conférence avec M. le
Baron de Rieger. Il m'a dit que le Duc étoit disposé à se restreindre
au denier 50, mais je n'ai pas hésité à déclarer que je ne serois point
l'avocat de ce prétendu sacrifice, et que je regardois l'offre du denier
40 comme devant pleinement satisfaire la maison de Würtemberg.

Le rédacteur des tableaux fournis par M. de Rieger a commis des
omissions, et l'on est occupé à les réparer ; il résultera de là un changement dans les sommes énoncées dans ce résumé.

(Arch. Nat., F⁷ 4599).

Nº 2

Etat des répétitions et dédommagements a former sur le Gouvernement françois par la SS^me maison de Wirtemberg, résultant,
soit de la Révolution, soit d'anciennes répétitions.

Savoir :

1º) Il a été convenu par le traité de 1786 qu'il seroit payé au S^me Duc
de Wirtemberg pour la construction des églises et presbytères dans
les quatre terres une somme de quatre-vingt mille livres.

2º) La saline de Saunot ainsi que d'autres bâtimens du S^e Duc
dans ses terres de Franche-Comté ont été pillés et dévastés et le dom-
mage causé peut être évalué au moins à quarante mille livres.

3º) On a cruellement dévasté la généralité des forêts dans toutes
les terres et ce brigandage continue journellement, ce qui cause une
perte, évaluée modiquement dans environ 16 mille arpens à dix livres,
l'arpent de cent soixante mille livres.

4°. Les attroupemens dont la principauté de Montbéliard a été environnée dès la révolution, les menaces et les attentats fréquens d'incursions sur ce pays, et contre lesquels, par les circonstances du temps, les secours des troupes de ligne n'ont pu suffire, ont causé au S^{me} Duc une dépense aussi extraordinaire qu'indispensable pour sa juste défense et celle de son pays de deux cent mille florins d'Empire.

5°) Le régime féodal à l'égard des seigneurs des plus grandes maisons de Franche-Comté et d'Alsace qui étoient vassaux de S. A. S^{me} à cause de son comté de Montbéliard, et dont les fiefs en bonne partie étoient sujets à la réunion, ayant été aboli, on peut évaluer cette perte à deux cent mille livres.

6°) S. A. S^{me} jouissoit d'une exemption totale des impositions dans ses terres en Alsace, et celle de Franche-Comté n'étoient imposées qu'à la portion collonique. Aujourd'hui que le tout est imposé, cela fera au moins une perte annuelle de 20 m. L. et comme on jouissoit de cette exemption en vertu des traités de paix, il seroit juste de demander en dédommagement un capital proportionné à cette perte.

7°) La forteresse de Neubrisac a été bâtie en partie sur des terres appartenant à la maison de Wirtemberg, suivant le procès-verbal dressé par un commissaire du Roi, ces terres furent évaluées à 16.605 h. et il fut stipulé qu'on en paieroit les intérêts dès 1698. Comme l'on n'a touché qu'un acompte en 1747 de 2.946 L. cela feroit un objet de remboursement avec les intérêts d'environ quatre-vingt-dix mille livres.

8°) En 1700 on s'empara du château de Blamont (¹) et la France en jouit encore à présent, quoiqu'on en ait promis la restitution ou le prix au SS^{me} Duc de Wirtemberg. Ce château peut être évalué avec ses dépendances, à environ trente mille livres et il seroit juste d'y ajouter les intérêts dès ladite année 1700.

9°) Les officiers de Judicatures dans les terres du S^{nr} Duc avoient financé leurs emplois, les justices seigneuriales ayant été supprimées par l'Assemblée N^{le}, ces officiers demandent la restitution de leurs finances, ce qui fait un objet d'environ soixante mille livres d'indemnité.

10°. L'effet de la révolution s'est fait sentir aussi dans la perception des droits dans la souveraineté du comté de Montbéliard, les angaux, la pêche dans les rivières, les droits de péage et de pontenage ont considérablement diminué, faute de pouvoir les exiger dans les circonstances actuelles, et surtout les forêts du comté de Montbéliard, sont considérablement dévastées par les riverains sujets françois. Ces pertes qui sont très considérables, ne peuvent être évaluées au juste, d'autant moins que l'on ne prévoit pas un avenir qui puisse de sitôt rétablir

---

(1) Il s'agit là du château féodal, plus tard englobé dans les fortifications qui furent élevées sous Louis XIV.

l'ordre. Mais on ne croit pas trop fixer le dédommagement actuel à une somme de trente mille livres et si l'on y comprend les dévastations commises dans les forêts des communautés limitrophes à la France, on pourroit y ajouter une pareille somme.

11°) S. A. S^{me} a droit de réclamer la restitution du Prioré de St Valbert acheté par les Ducs de Wirtemberg en 1622 et dont les moines se sont mis en possession à main armée en 1702 en usurpant en outre un pré d'environ 130 arpens ainsi que la dîme au village de Luse, quoique ces deux objets ayant été des anciennes dépendances de la seigneurie d'Héricourt et n'ayant jamais fait partie dud. Prioré, suivant qu'ils en sont convenus dans le procès encore existant lors de la révolution. Comme la Nation a déclaré ce Prioré, ainsi que d'autres biens ecclésiastiques, à sa disposition, et que l'on en a déjà vendu une bonne partie, S. A. S. est persuadée que la France ne voudra pas profiter des vexations de ces moines et qu'elle restituera au S^{me} Duc :

1°) Le prix de l'acquisition de ce Prioré qui étoit de douze mille francs avec les intérêts dès 1702.

2°) La restitution du pré dit l'étang de Bian, ou le prix en cas qu'il soit déjà vendu et qui peut être fixé à 1.500 fr. d'admodiation annuelle, ce qui feroit un capital de quarante-cinq mille livres, avec les intérêts dès 1702.

3° Enfin une indemnité de la dîme de Luse qui est supprimée par les décrets de l'A. N^{le} et qui s'admodioit 800 fr. par an, ce qui feroit un capital au denier 30 de 24 m. livres, avec les intérêts dès 1702.

(Arch. Nat., K 1819).

N° 3

Consultation d'avocats du Parlement de Besançon au sujet de l'imposition du quart du revenu réclamée au Prince de Montbéliard.

28 Novembre 1789.

Vu la lettre écrite par Messieurs du Conseil de Régence au Procureur Pioche, le 25 novembre 1789, au sujet de la déclaration à faire par Son Altesse Serenissime pour sa contribution patriotique du quart de ses revenus dans le royaume de France, le Conseil soussigné estime :

Que le délai fixé par l'Assemblée nationale pour faire la déclaration de cet objet devant la principale municipalité du ressort des terres, qui est celle de Vesoul, comme étant le siège du Bailly d'Amont, dont

Baume dépend, est au premier janvier 1790, passé lequel les municipalités sont invitées d'avertir les propriétaires.

La formule de ces déclarations est assès connue, il n'est pas nécessaire de désigner par le détail ses revenus, il suffit de dire que la
somme offerte ou promise dans trois termes indiqués au mois d'avril
des trois années subséquentes est conforme aux fixations établies par
le décret de l'Assemblée nationale, ou que la contribution offerte
excède la proportion déterminée par ce même décret, qui est du
6 octobre dernier, ces deux formules sont sous l'art. 3 de ce décret.

Son Altesse Sérenissime peut donner des ordres pour constater les
revenus actuels de ses terres de Franche-Comté et d'Alsace et en
former le tableau du produit. Les personnes qui en seront chargées
auront l'attention d'en défalquer : 1° Toutes les redevances abolies
relatives à la mainmorte réelle personnelle et autres servitudes per-
sonnelles supprimées par l'art. 1er du décret du 4 août dernier.

2° Toutes les sommes relatives aux vingtièmes et impositions dont
les fermiers ne sont pas chargés par leurs baux.

3° Tous les gages des gardes des terres, appointements des officiers
de justice, ceux des receveurs particuliers ou régisseurs, s'il y en a
d'établis à la charge du prince, les pensions et honoraires des différends conseils et procureurs de Son A. S. et autres personnes em-
ployées dans l'administration et poursuitte de ses affaires.

4° La totalité de la pension ou du viager dû aux srs de Maserole
réduitte en argent et hypothéquée sur les terres de Franche-Comté,
ainsi que toutes autres pensions viagers et intérêts de rentes, si aucuns
sont dûs sur lesdits biens, de manière que la somme à offrir pour le
quart soit prise sur le produit net des terres.

5° S'il y a eu refus général du païement des redevances seigneuriales, telles que dîmes, cens et redevances en grains ou en argent,
S. A. S. peut en conformité de l'art. 5 du décret national du mois
d'aoust en demander le païement, parceque ces sortes de droits doivent
continuer d'être perçus suivant les loix et la manière accoutumée
jusqu'à ce qu'il ait été pourvu au remplacement ou au rachat des
droits seigneuriaux dont le taux n'est point encore fixé, cet article,
quand à la diminution à faire sur la masse des revenus, doit conséquemment rester à la prudence de Son Altesse Sérénissime. C'est en
partant de ces bases que doit être donnée la déclaration du quart du
revenu, déclaration qui, au surplus, est absolument laissée à la pro-
bité de ceux qui la font sans qu'il soit permis de faire des recherches
et de l'inculper. Il ne faut pas perdre de vue que la déclaration doit
être laconique et sans entrer dans aucun détail.

Délibéré à Besançon, le 28 novembre 1789.

Verny, Fenouillet, Guillaume de Gevigney.

(*Arch. Nat., K 1818*).

N° 4

LETTRE DU CONSEILLER BOUTHENOT A FRÉDÉRIC-EUGÈNE
RELATIVE A LA SUPPRESSION DES DROITS SEIGNEURIAUX

Paris, 15 juillet 1790,

Monseigneur,

J'ai eu occasion de voir M. Pernel de Lure (¹), député de Franche-
Comté, et M. Lavie (²), député d'Alsace. D'après ce que j'ai pu apren-
dre de ce dernier, avec lequel je me suis entretenu un instant, j'ai
tout lieu de craindre que le travail auquel on est occupé aux archives
ne soit à peu près inutile. Il m'a dit positivement que la possession
des droits seigneuriaux, quelqu'immémoriale qu'elle soit, ne pouvoit
être aux seigneurs d'aucune utilité ; qu'elle n'étoit envisagée par
l'Assemblée Nationale, que comme une continuité de force majeure
exercée par les seigneurs sur leurs sujets et vassaux.

Que les reconnaissances mêmes des sujets, quelques géminées
qu'elles soient, ne peuvent être suffisantes pour légitimer cette possession, s'il n'y est fait mention que ces droits sont le prix de concession
de terres.

Ce député pense même que l'Assemblée ne fera aucune attention au
droit de souveraineté dont jouïssoit la S^{me} Maison de Wirtemberg sur
les quatre terres, parceque, dit-il, quand on suposeroit, ou quand il
seroit même vrai, qu'elle étoit fondée à exercer ces droits de souveraineté, il n'en seroit pas moins également vrai qu'elle n'étoit pas en
droit d'imposer à ses sujets des droits de servitude, tels la main-
morte, les corvées, et de leur enlever la faculté naturelle de cuire leur
pain dans leurs propres foyers ; que d'ailleurs aujourd'hui que les
seigneurs ne sont plus dans le cas de protéger leurs sujets, on ne
peut pas dire que ces droits sont le prix de leur protection et que c'est
aussi par cette raison que l'Assemblée a supprimé les abonnements du
guet et garde.

Suivant les principes de l'Assemblée, les redevances sont réelles
quand les sujets les doivent malgré le changement de domicile. C'est

(1) Pernel (Antoine-François) notaire à Mollans, député du Tiers-Etat
de Vesoul.
(2) Lavie (Marc-David). On trouve dans le cours de ce travail des renseignements complets sur ce député.

sur cette base qu'elle a compris au nombre des redevances personelles suprimées sans indemnité, toutes les banalités quelconques et que relativement aux dixmes elle a déclaré que la nation seroit chargée de leur rachat, impôt défalqué du prix du rachat.

Enfin, Monseigneur, il m'a paru par la conversation que j'ai eue avec Mons. Lavie, que Votre Altesse Serenissime n'obtiendra de dédommagement que pour les droits déclarés rachetables par l'Assemblée et conséquemment qu'il ne sera fait aucune distinction des quatre terres de Blamont, Clémont, Héricourt et Chatelot d'avec les autres seigneuries de la Province. Voilà Monseigneur, le précis de l'entretien que j'ai eu avec M. Lavie. J'ai cru devoir vous en faire part. J'ajouterai qu'il m'a observé que quelqu'attaché qu'il soit à Votre Altesse Sérénissime, les circonstances ne lui permettoient pas de vous prouver tout son parfait dévouement.

J'ai l'honneur d'être avec un très parfait respect, Monseigneur,

De Votre Altesse Sérénissime,

Le très humble, très obéissant et fidèle serviteur,

Bouthenot.

(Arch. Nat., K 1818).

N° 5

RAPPORT DE M. DE RIEGER, SUR UNE VIOLATION DE TERRITOIRE
DE LA PRINCIPAUTÉ DE MONTBÉLIARD

23 Septembre 1791.

Il appert du procès-verbal, dont copie est jointe sous ce pli, que sur le soir du 10 de ce mois un passager françois, s^r Beaupoil de Ste-Aulaire avec des domestiques et les enfans d'un s^r Salomon, étant arrivé à cheval à Etobon, village de la souveraineté de Montbéliard, et ayant descendu au cabaret de cet endroit, il a été suivi de près par deux particuliers de Chénébie, cherchant d'arrêter ledit s^r Beaupoil, auxquels a accouru en même tems la généralité des habitans de Chénébie, hommes, femmes et enfants, les uns armés de fusils, d'autres de haches, de pioches et de différens instrumens venus dans la même intention de se saisir de ces passans, qu'ils disoient être aristocrates, sortant de France avec beaucoup d'argent, et qu'ils les vouloient y faire rentrer et conduire avec eux. Les remontrances à eux faites contre un tel acte de violence a produit cet effet, que quelques-uns de la troupe se sont retirés, mais le surplus a tenu pied ferme au village, et s'est emparé du cabaret, duquel on a trouvé pourtant moyen de les déloger pendant la nuit. Le Ministre et le Maire d'Etobon ayant eu recours le lendemain au juge de paix de Héricourt, celui-ci a bien voulu signifier sa désapprobation de la démarche des gens de Chénébie, mais ceux-ci, bien loin de déférer à son ordre, recommencèrent le lendemain à bloquer le cabaret, pour ne laisser plus entrer ni sortir personne. Ils appelèrent à leur secours les villages françois avoisinans, et on vit entrer à Etobon les gardes nationaux de Frahier et d'Eschavanne, armés et tambour battant, pour prêter main forte à leurs camarades de Chénébie, qu'on leur avoit dit être maltraités par les habitants d'Etobon.

Tous les moyens de les désabuser et de les engager à se retirer n'aboutirent à rien. Ils passèrent toute la nuit au cabaret et dans les environs, battant de la caisse, et continuant ce scandale jusqu'au surlendemain, où après avoir visité les hardes de s^r St-Aulaire, ils l'obligèrent ainsi que sa compagnie de les suivre, le conduisant à Chénébie, et de là à Belfort.

La Régence de Montbéliard s'est adressée aux administrateurs du Directoire du District de Lure pour les engager à faire cesser les violences et en demander la réparation. Il lui a été répondu sous date du 12, qu'à la réception de ce réquisitoire ils avoient requis un déta-chement de la garde nationale dudit Lure, de se rendre sur les limites séparatives des territoires d'Etobon et de Ronchamp pour faire retirer les gardes de Chénébie dans la Principauté de Montbéliard, mais qu'à son arrivée sur les frontières, ils avoient appris que ceux-ci venoient de quitter la souveraineté de Montbéliard, amenant avec eux le s^r St-Aulaire [1]. Comme le Directoire ne s'est point occupé à donner la satisfaction qui lui a été demandée, le Ministre Plénipotentiaire du S^{me} Duc de Wurtemberg a reçu l'ordre de la Cour de s'en adresser à cet effet à M. le Comte de Montmorin, et de réclamer, contre cette violation de territoire ouverte et hostile les bons et efficaces offices de son ministère, pour en obtenir une satisfaction plénière et écla-tante, d'autant plus nécessaire, que toute la modération et les conni-vences qu'a opposé jusqu'à présent le Gouvernement de Montbéliard

(1) Joseph, marquis de Beaupoil de St-Aulaire, émigré, ainsi détenu, dont les biens furent nationalisés, suivant l'expression consacrée, prit du service en Autriche et rentra en France sous la Restauration. Il fut nommé pair de France le 5 mars 1819 et est le père du comte Louis-Clair de Sainte-Aulaire, né à St-Meard (Dordogne) en 1778, mort à Paris en 1854. Elève de l'école polytechnique, chambellan en 1809, préfet de la Meuse en 1813, de la Haute-Garonne en 1814, député de 1815 à 1829, il fut ambassadeur à Rome en 1831, à Vienne de 1833 à 1841 et à Londres de 1841 à 1848.

à une série de mauvais procédés de ses voisins. n'a conduit qu'à
enhardir les malfaiteurs à multiplier leurs vexations, contre les pai-
sibles habitans de cette souveraineté étrangère.

Fait à Paris, le 23 septembre 1791.

Le Baron de Rieger.

(Arch. Nat., F⁷ 3672¹).

N° 6

Lettre de Frédéric-Eugène a la Bourgeoisie de Montbéliard

Montbéliard, 12 octobre 1791.

Messieurs,

La Princesse ma très chère Epouse ayant désiré de passer quelque
tems à Basle, en attendant le retour de la tranquilité, qui a été troublée dans votre voisinage, vous n'ignorez sans doute pas l'intention
ou je suis de l'y aller joindre. Mais avant de partir, j'aime à suivre
le penchant que j'ai de vous assurer du regret vif et sincère que nous
éprouvons l'un et l'autre, en nous éloignant, quoiqu'à une si petite
distance de la bonne ville de Montbéliard.

J'espère, Messieurs, que cette absence ne sera que d'une très courte
durée, et je me promet fermement le plaisir de vous avoir ici le plus
fréquemment qu'il me sera possible.

Des effets imprévus ayant retardé jusqu'à présent l'effet de mes
soins relativement au commerce de ce pays, demeurés persuadés,
Messieurs, que mon désir favori de vous voir contents en ce point et
heureux à tous les égards qui pourront dépendre de moi me suivra
partout; que mes efforts pour parvenir à ce but ne se rallentiront
jamais et que la prospérité publique sera toujours une des occupations
les plus chères à mon cœur, c'est ce que je vous prie de vouloir bien
faire connoître à tous vos concitoyens, en les invitant de ma part à
recourir à moi dans toutes les occasions ou je pourrai leur être
utile.

De mon côté, Messieurs, connoissant votre zèle et votre empressement pour le bon ordre, je me flatte de la continuation de vos atten-
tions par le maintien de la police qui est vous est confiée.

Je suis avec une très parfaite et sincère considération et une
amitié bien sincère. Messieurs.

Frédéric-Eugène, Duc de Wirtemberg.

(Arch. Nat., K 1794).

N° 7

RÉPONSE DE LA BOURGEOISIE DE MONTBÉLIARD A FRÉDÉRIC-EUGÈNE

Montbéliard, 12 octobre 1791.

Sérénissime Duc, Très Gracieux Prince et Seigneur,

Les bourgeois de la ville de Montbéliard ont toujours regardé le séjour de Votre Altesse Sérénissime parmi eux, comme un bonheur, comme une source de prospérité. Les soins réitérés de Votre Altesse Sérénissime, les bienfaits sans nombre qu'il lui a plu de répandre sur les habitants de cette ville, sont autant de motifs de reconnoissance pour nous, autant de monuments qui nous feront chérir à jamais la mémoire de Votre Altesse Sérénissime.

En venant vous témoigner, Sérénissime Duc, le regret que nous avons de l'éloignement quoique momentané auquel les circonstances vous obligent, en vous assurant que nos vœux les plus fervents, pour la sûreté, la tranquillité et le contentement parfait de Votre Altesse Sérénissime, de Son Atesse Roïale et de toutes les personnes qui leur sont chères, les suivront partout, nous ne sommes que les échos de tous nos co-bourgeois, et il n'y en a aucun qui ne fasse les plus grands sacrifices, pour assurer la satisfaction et le bonheur de Votre Altesse Sérénissime d'une manière inébranlable.

Après les assurances que Votre Altesse Sérénissime veut bien nous donner qu'elle daignera continuer à s'intéresser pour la prospérité publique, nous aurons le plus grand empressement à publier ses intentions bienfaisantes, et nous nous réunissons tous pour lui faire nos justes remerciements, en nous reposant avec confiance sur sa sollicitude vraiment paternelle.

En notre particulier nous aurons atteint le comble de nos désirs si, en continuant les fonctions de la Magistrature dont nous sommes chargés, nous pouvons donner à Votre Altesse Sérénissime des marques certaines de notre zèle, de notre dévouement inviolable et de notre fidélité à toute épreuve.

Permettez-nous, Monseigneur, de nous dire avec la soumission la plus sincère et l'attachement le plus respectueux,

Sérénissime Duc, Très gracieux Prince et Seigneur

De Votre Altesse Sérénissime,

Les très humbles, très obéissants et très fidèles sujets et serviteurs,

Les neuf bourgeois jurés de la ville de Montbéliard,

Jacques-Frédéric Ferrand fils ; P.-F. Goguel : Wetzel ; Georges-Fréd. Fayot ; G.-L. Richardot ; David-Fréd. Bernard ; G.-F. Rayot ; Jacques-Frédéric Rau.

(*Arch. Nat., K 1794*).

N° 8

DÉCRET DU 30 JANVIER 1792, RELATIF AUX PASSEPORTS

Art. I. — Toute personne qui voudra voyager dans le royaume sera tenue, jusqu'à ce qu'il en ait été autrement ordonné, de se munir d'un passeport.

Art. II. — Les passeports contiendront le nom des personnes à qui ils seront donnés, leur âge, leur profession, leur signalement, le lieu de leur domicile et leur qualité de François ou d'étrangers. Chaque passeport sera individuel.

Art. III. — Ils contiendront en outre l'extrait de la déclaration faite aux municipalités par chaque habitant en exécution de la loi municipale du 19 janvier 1791.

Art. IV. — Les officiers municipaux ne pourront, à peine de responsabilité, délivrer des passeports aux personnes notées sur les registres de la municipalité, comme gens sans aveu, suspects [1], ou mal intentionnés, sans faire une mention expresse des dites notes sur les passeports.

Art. V. — Les passeports seront signés par le maire ou autre officier municipal, par le secrétaire greffier, et par celui qui les aura obtenus; et en cas qu'il déclare ne savoir signer, il en sera fait mention, et sur le passeport et sur le registre de la municipalité.

Art. VI. — Les voyageurs pourront, dans toute l'étendue du district où ils sont domiciliés, faire usage des passeports délivrés par les municipalités; mais dans le cas où ils voudraient sortir du district, ils seront tenus de faire viser les dits passeports par les directoires de districts ou de départements sous lesquels les municipalités se trouvent situées.

Art. VII. — Les Français ou étrangers qui voudront sortir du royaume seront obligés de remplir les formalités prescrites par l'article précédent et feront en outre viser leurs passeports au directoire du district ou au département frontière par lequel ils sortiront du royaume.

(1) On sait ce qu'il fallait entendre par *suspect*.

Art. VIII. — Les personnes qui voudront entrer dans le royaume prendront à la première municipalité frontière un passeport.

Art. IX. — Les passeports seront délivrés sur papier timbré, les voyageurs qui les obtiendront seront assujetis à payer le papier et le timbre.

Art. X. — Les gendarmes nationaux, les gardes nationales et les troupes de ligne de service exigeront des voyageurs la représentation de leurs passeports.

L'ordre signé par un commandant militaire tiendra lieu de passeport entre les mains de tout agent militaire actuellement employé dans l'étendue du commandement de l'officier qui aura signé le dit ordre.

Art. XI. — Les voyageurs qui n'en présenteront pas, et qui n'auront pas pour répondant un citoyen domicilié, seront conduits devant les officiers municipaux pour y être interrogés.

Art. XII. — Les officiers municipaux suivant les réponses du voyageur ou les renseignements qu'ils recevront, seront autorisés ou à laisser continuer sa route, ou à donner le mandat d'arrêt.

Art. XIII. — Le terme de l'arrêt ne pourra excéder un mois, à moins qu'il ne survienne quelque charge contre le voyageur arrêté.

Art. XIV. — Si après le temps d'arrêt expiré, il n'est venu aucun éclaircissement satisfaisant sur le compte du voyageur arrêté, le juge de paix, ou son assesseur, l'interpellera de lui déclarer le lieu où il veut se rendre; il lui sera délivré sur cette déclaration, un passeport dans lequel sera indiquée la route dont il ne pourra s'écarter, il y sera fait aussi mention de l'arrestation et de ses motifs.

Art. XV. — Avant que le voyageur arrêté soit mis en liberté, l'officier de la gendarmerie nationale, ou le plus ancien gendarme de la brigade du lieu de l'arrestation, prendra son signalement, la note de la route qui lui est tracée, et les enverra incontinent aux brigades limitrophes, qui les feront passer sans délai aux autres brigades.

Art. XVI. — Si le voyageur s'écarte de la route qui lui a été prescrite, il sera arrêté et conduit devant les officiers municipaux du lieu de l'arrestation.

On voit le trouble que la promulgation de ce décret, dans un pays composé de plusieurs enclaves, comme l'était la contrée Montbéliardaise, apportait de gêne pour son commerce, tant avec la France qu'avec la Suisse.

N° 9

Le Conseil de Régence de Montbéliard a Frédéric-Eugène
relative a une demande de transfert a bale des Archives

Montbéliard, le 30 juin 1792.

Sérénissime Duc, très gracieux Prince et Seigneur,

Nous recevons le gracieux rescrit de V. A. S. en date du 25 du courant par lequel, vû les circonstances critiques du tems, Elle nous charge de faire transporter en secret et incessamment dans la ville de Bale les principales pièces des archives d'ici.

Nous nous ferions un vrai devoir d'exécuter de pareils ordres, dictés par la prudence et nécessités par la juste crainte d'une spoliation en cas de quelque évènement fâcheux pour ce païs.

Mais nous sommes forcés de représenter à V. A. S. que des obstacles insurmontables et des dangers multipliés ne permettent pas d'entreprendre un transport de titres et papiers hors de ce païs.

Tout transit étant aujourd'hui supprimé et toute communication du Montbéliard avec les païs étrangers étant interrompuĕ, on ne peut pas espérer de faire traverser plus de 12 lieuĕs de territoire français, et même un camp assis près de Bâle, sans être exposé, tant dans les bureaux que dans les lieux du passage, à l'ouverture des caisses et à la visite la plus rigoureuse des papiers qu'elles contiendroient.

Cette opération ne se feroit qu'ouvertement et le peuple qui est efréné plus que jamais n'en seroit pas plutôt informé, qu'il se croiroit en droit d'arrêter les caisses et que peut-être même il les détruiroit par une suite des dévastations arrivées dans les châteaux des seigneurs françois, dont on a brulé tous les titres.

La gêne est si grande, que tous ceux qui ont à se rendre du Montbéliard en Suisse ou en Allemagne, éprouvent à leur passage sur le territoire françois toutes sortes d'embarras et de désagrémens, s'ils ont quelques hardes et effets. Ils sont fouillés impitoiablement et, sous le moindre prétexte on procède à une saisie. Tantôt les employés de la Régie des douanes, tantôt les officiers municipaux, au mépris des passeports d'ici ou même des déclarations des receveurs des bureaux, dressent des procès-verbaux, dans lesquels ils imputent des fraudes ou des contraventions au tarif des douanes.

La vexation est si extrème, que malgré les ordres des départements du Doubs et de la Haute-Saône on ne veut laisser sortir pour le Mont-

béliard aucun fourrage du territoire de France. De toutes parts de
nos frontières les municipalités françoises et les employés de la Régie
empêchent l'exportation, ce qui met les sujets de cette souveraineté
dans un cruel embarras, qu'ils ne savent pas même où entreposer
leurs fourrages parce qu'ils en craignent le pillage. Plusieurs même
ne peuvent trouver aucun hébergeage sur terres de France. D'autres
enfin pour éviter la perte de leur bétail et des fourrages saisis, ont été
obligés de fournir des cautions sur les lieux pour pouvoir se rendre
chez eux. Telle est, Mgr, la position fâcheuse ou se trouve actuellement
ce pays, malgré que les François voisins viennent recueillir chez nous
en toute liberté les récoltes qu'ils y ont à faire.

Quelque attention, quelque circonspection que l'on mettroit en
usage, il seroit impossible de faire secrètement l'expédition des actes
des archives, parcequ'il faudrait nécessairement que les conducteurs
des caisses fussent munis de lettres de voitures portant déclaration
de ce qu'elles contiendraient.

Le public et même le voisinage n'en seraient pas plutot instruits
qu'on se livreroit a toutes sortes de conjectures facheuses, et en particulier à la crainte d'une invasion prochaine de ce pays.

De là des alarmes parmi la bourgeoisie, qu'il importe même de
prévenir. Le voisinage en seroit bientôt informé et on entendroit se
renouveller les menaces faites ci-devant de venir piller les archives de
Montbéliard.

Il est vrai, Mgr, que dans un cas de guerre, on a deja transféré à
Bâle une partie des archives d'ici. Mais les circonstances étoient
alors bien diférentes. Le peuple connoissoit encore quelques règles.
Il respectoit les propriétés et n'arrètoit pas arbitrairement, comme il
fait aujourd'hui, tout ce qu'il trouve sur son passage....

Nous ajouterons Mgr, que quand même nous voudrions faire transporter des papiers par le Porrentruy, il y auroit actuellement autant
à craindre qu'en passant par l'Alsace, parceque les François ont des
troupes dans cet Evêché et en occupent les gorges.

Il faudroit pour y arriver passer sur quelques parties de la terre de
Blamont dont les habitans sont moins traitables que les Alsaciens,
puisqu'ils se permettent journellement les excez les plus odieux.

Nous sommes, etc.

(Arch. Nat., K 1819).

Les conseillers qui estiment que ce transport des archives
est impossible sont : le Comte de Sponeck, Bouthenot, Jeanmaire, Beurnier, G. Goguel, Gropp, Parrot, Goguel, E. du
Vernoy, F.-L. Jeanmaire et Parrot.

N° 10

RAPPORT DU CONSEILLER BOUTHENOT FILS, SUR SA MISSION A VESOUL RELATIVE AUX QUESTIONS DOUANIÈRES, FAIT AU CONSEIL DE MONTBÉLIARD.

Du 28 Janvier 1793.

Le souscrit ayant été chargé par le Conseil de se rendre à Vesoul pour solliciter de Messieurs les administrateurs du département, la permission de transiter sur le territoire de la République françoise avec les grains que les habitans des villages des bois et Couthenans ont de surperflu, et vendent ordinairement aux minages ([1] de Montbéliard, comme ils l'ont pratiqué librement jusqu'il y a environ trois semaines, que la municipalité d'Héricourt, se refusa de son autorité privée de viser les passavants dont étoient munis lesdits habitants. Etant arrivé en cette première ville le 21 du courrant au soir, je fis dez le lendemain matin les visites d'usage à ces Messieurs, je me transportai d'après leurs invitations l'après-diner au département, j'y fis lecture d'un mémoire que j'avois rédigé, et qu'ils ont retenu. L'objet fut amplement discuté, ces Messieurs prétendirent que les decrets de l'Assemblée nationale s'opposoient à notre demande, que ces villages étant enclavés dans la République, les decrets punissoient de mort quiconque exporteroit des grains, et les feroit passer dans les païs enclavés [2]. J'eus l'honneur de leur faire connoître, que ces decrets ne nous étoient pas applicables, que nous ne demandions d'exportation de grains des terres de la République; que les villages dont nous demandions la sortie des grains, étoient de l'entière dépendance et totale souveraineté du Comté de Montbéliard ; que nous ne demandions que l'emprunt de quelques langues de terre de la République, pour y passer les grains crûs sur cette même souveraineté pour être conduits à Montbéliard ; que cette demande étoit fondée sur la plus sévère justice et la plus juste réciprocité. Que les citoyens du district de St-Hipolite, dont le territoire peu fertile en grains, qui par cette raison sont obligés de s'approvisionner dans le département du

---

(1) Minage ou Eminage, lieu de vente des grains.
(2) Dans ce cas étaient seulement Mulhouse et Montbéliard.

Haut-Rhin, ne pouvoient le faire sans traverser une bonne partie du Montbéliard ; que même ils séjournoient quelques fois en cette ville, sans y éprouver le moindre désagrèment ; que le Gouvernement avoit donné des ordres les plus positifs de leur donner tout secours et assistance, et que ces ordres s'exécutoient. Qu'on ne pouvoit non plus approvisionner les ville et chateau de Blamont dez Béfort, sans passer également dans une bonne partie de ce païs. Qu'enfin on ne pouvoit se rendre dez Arcey à Héricourt sans transiter par le Montbéliard. Qu'a ces raisons se joignoient les observations suivantes ; que le Montbéliard avoit sans cesse fait tous ses efforts pour entretenir l'harmonie et maintenir le bon voisinage, et qu'il en avoit récemment donné des preuves encore, en ce que dez qu'on s'étoit apperçu qu'il y passoit par cette ville des bœufs gras pour les armées, on avoit donné des ordres au fermier de n'exiger aucuns droits, et qu'on lui en bonifieroit le montant. Qu'on avoit permis la sortie d'environ cinq mille quartes d'avoine et six cent milliers de foin pour les armées de la République. Une partie de ces Messieurs trouva notre demande juste, et étoit d'avis de nous l'accorder sur le champ, et l'autre ne crut pas pouvoir le faire sans en référer à la Convention nationale. Je produisis encore à l'appui de notre demande le réglement de 1752 que j'annonçai avoir été fait de concert avec les ci-devant fermiers généraux. Les pièces ayant été mises au rapport d'un membre, ces Messieurs se décidèrent à la rédaction de la lettre que j'ai l'honneur de joindre. J'ai fait écrire à M. Vigneron (²). membre du précédent département, et aujourd'hui de la Convention, pour l'en prévenir, comme devant être au fait de l'objet de notre pétition, et j'ai écrit moi-même dez Lure à un autre membre de la Convention, lequel est également du département de la Haute-Saône ; j'ai eu l'honneur d'en communiquer la copie que j'en ai prise au Conseil.

Tels sont en substance les différents motifs que j'ai eu l'honneur d'alléguer ; le Conseil sentira parfaitement qu'ayant été trois fois au département, je suis entré dans un bien plus grand détail qu'il seroit inutile de rapporter ici, et dont j'ai fait en grande partie rapport verbal.

Montbéliard, le 28 janvier 1793.

Bouthenot.

(Arch. Nat., K 2206).

(2) Vigneron (Claude-Bonaventure), ancien procureur général, syndic du département de la Haute-Saône, le second des députés élus par ce département à la Convention.

N° 11

Inventaire des armes, canons, munitions, effets, chevaux, etc. de la milice de Montbéliard dont la troupe françoise qui s'est rendue de Belfort a Montbéliard le 1ᵉʳ septembre 1792 a exigé qu'ils lui fussent remise.

```
  300 fusils.
   64    d°  vieux.
  247 gibernes.
   21 sabres avec les ceinturons.
    4 laisses ou tambours.
    7 canons avec leurs affuts — un canon encloué.
    1 canon sans affut.
    1 fusil de rempart.
   16 piques.
4.000 cartouches à balles.
1.500    d°    dans les gibernes (non compris dans l'état remis à
            Belfort).
   80 gargousses.
   20 tonneaux poudre de Berne.
  100 environ lingots pour gargousses.
```

Signé : Parrot.

```
   22 chevaux de dragons avec selles. brides, housses, chaperons et
            fontes.
   22 mousquetons.
   10 porte-mousquetons.
   23 paires pistolets.
   24 sabres avec les ceinturons.
   17 manteaux de drap.
    2 porte-manteaux.
   14 couvre-platine en voussi.
   16 gibernes montées.
    8 courroies de gibernes.
    1 trompette.
```

Signé : Kuttler.

(Collection Duvernoy, vol. 36, fol. 73).

N° 12

Inventaire des armes et munitions appartenantes a S. A. S. Mgr le Prince Frédéric-Eugène, duc de Wirtemberg dont la troupe françoise qui s'est rendüe de Belfort a Montbéliard le 1er septembre 1792, a exigé qu'elle lui fussent remises

6 fusils Turcs garnis en nacre de perle à cent vingt francs la pièce.	720	»
2 paires de pistolets garnis et incrustés en argent à cent nonante deux livres la paire	383	»
1 paire de pistolets simples à	60	»
24 canons de pistolets, la pièce l'une dans l'autre à 24 livres	576	»
12 canons d'arquebuse, la pièce à 60 livres	720	»
2 canons de fusil, la pièce à 48 livres	96	»
2 fusils de chasse, la pièce à 72 livres.	144	»
1 fusil prussien d'officier à 48 livres	48	»
2 tonneaux de fine poudre à tirer de Berbenbach, le tonneau à 24 livres	48	»
4 moules à balles à 4 livres l'un.	16	»
1 vieille paire de pistolets à 3 livres.	3	»
2 mauvais fusils de braconniers à 20 sols l'un	2	»
1 sac de plomb	6	»
1 moule de dragées	48	·
1 cornet à poudre	10	
1 arbalette turc	96	»

2.967 10

Le premier chasseur : *Mehl.*

N° 13

Extrait du Registre des séances du Directoire du département du Haut-Rhin, séant a Colmar

Du premier du mois de septembre 1792, l'an 4e de la Liberté.

Un membre a fait lecture d'une lettre qu'il a reçue par le courier de ce matin, de laquelle il résulte que par la délibération prise en la réunion du Conseil général de la commune de Belfort, du District du même lieu et des corps militaires, il a été envoyé deux cent gardes nationaux et volontaires, tous grenadiers, à Montbéliard, avec 4 pièces de canon de campagne pour s'emparer de cette ville et surtout des canons et armes qui pourroient y être déposés.

Le Directoire considérant que cette entreprise irrégulière, en ce qu'elle a été faite à l'insu des administrateurs supérieurs, ou sans ordre exprès du commandant en chef de l'armée, présente un acte d'hostilité envers un Prince d'Empire, qui n'a pas été déclaré en guerre avec la nation par le Corps législatif et ne l'a pas déclarée luy-même, et que les suites qu'elle entraîneroit exige que l'on en arrête les progrès avec la plus grande célérité. Le Procureur général ouï :

Arrête que MM. Johannot, président, Voegel et Hann, membres du Directoire du département, se transporteront dans le jour à Belfort, pour vérifier les faits énoncés ci-dessus, circonstances et dépendances, les autorise à faire assembler les corps administratifs et à se faire représenter les registres de leurs délibérations, en faire tirer tels extraits qu'ils jugeront convenir, lesquelles délibérations, en tant qu'elles seraient conformes à ce que ci-dessus, le Directoire casse et annule dès à présent; les autorise pareillement à faire retirer les troupes envoyées à Montbéliard, et de faire à ce sujet toutes réquisitions qu'il appartiendra, s'ils le jugent nécessaire.

Arrête en outre que lesd. Srs Commissaires se transporteront de Belfort à Montbéliard, ou ils désavoueront au nom du Directoire du département, la violation du territoire de M. le Prince de Würtemberg et signeront le désaveu dans un acte qui sera consigné dans les registres de la régence.

Qu'ils inviteront ladite Régence à faire dresser, de concert avec eux. l'état de tous les dégâts et dommages qui peuvent avoir été faits dans ladite principauté à l'occasion de l'entrée des troupes nationales.

Et sera le présent arrêté, adressé par le premier courier à l'Assemblée nationale et au Conseil exécutif.

(Archives Nat., F⁷ 439?)

INDEX ALPHABÉTIQUE

A

B

C

D

E

F

J

K

L

M

N

TABLE DES MATIÈRES

Montbéliard. — Sté An^{me} d'Imprimerie Montbéliardaise.

DU MÊME AUTEUR

Le Livre de Comptes de Samuel Méquillet. Monographie de la
vie d'un pasteur de campagne (1669-1739). — *Revue d'Alsace, 1881.*

**La Coopération au Pays de Montbéliard et ses rapports
avec la question sociale.** — *Fischbacher, 1890.*

**La Participation aux Bénéfices et ses résultats pra-
tiques.** — *Bureau des Annales Economiques, 1891.*

**Tableau de la Descendance de Jean David Sahler (1681-
1734).** — 1894.

L'Union, société coopérative d'Audincourt, *Imprimerie Th.
Jacot et C⁰ à Audincourt. 1897*

L'Immobilière d'Audincourt. *Bulletin de la Société Française des
Habitations à Bon Marché. 1898.*

**L'Industrie Cotonnière au Pays de Montbéliard et ses
Origines.** *Mémoires de la Société d'Emulation de Montbéliard, 1903.*

Notes sur Montbéliard. Le château d'Etupes. Bernard de Saintes.
Le bâtiment des Halles. Le parc des Princes. La ferme de la
Grange-la-Dame. F. Japy, fondateur de l'industrie horlogère. Disso-
lution des corporations. La famille Duvernoy. Pierre-Louis Sahler.
— *Librairie H. Champion 1905.*

Montbéliard à Table. Les boulangers et les bouchers. — Le blé.
La vigne et sa récolte. Le poisson. La table du bourgeois. Le
régime du paysan. La cuisine Montbéliardaise. Les ustensiles de
table et de cuisine. Les hôtelleries. Les banquets. Fiançailles.
Repas de noces et d'enterrement. La table au château sous
Léopold Eberhard. La Saine-Fontaine. Aujourd'hui. — *H. Champion, 1907.*

Princes et Princesses en Voyage. Les fils du Prince Frédéric-
Eugène de Wurtemberg. Montbéliard aux cours de Berlin et de
Saint-Pétersbourg et en campagne, d'après les lettres du philo-
sophe Holland, leur précepteur. — *Librairie H. Champion, 1909.*